若者のための
はじめて向き合う「死生観」

塩崎万規子
SHIOZAKI MAKIKO

幻冬舎MC

JN026472

プロローグ　そのおばあちゃんはほほえみながら逝った

もし、明日死ぬとしたら、あなたは今日、何をしますか。今日一日をどのように生きますか。

若くて元気な人であれば、自分の死をリアルに想像することはほとんどないでしょう。

けれども、死は誰にでも必ずやってきます。

私は介護福祉施設を経営しています。これまで施設で多くの利用者さんを看取ってきました。

お別れはつらく悲しいものですが、その一つひとつに目をそらさず向き合ってきたつもりです。そして、多くの人の死に触れる経験を重ねるうち、私は自分なりの「死生観」をもつようになりました。死生観とは、「生きること・死ぬことに対する考え方」をいいます。「死ぬこと」を考えるのは、普通は避けたいことだと思います。しかし、自分自身の「今」をより良いものに変え、成長していくために、とても大切なことなのだと思っています。


「お父ちゃんにご飯を作らないと……」

「お父ちゃんは何が好き？」

「すき焼きが好きやねん」

これは、84歳で亡くなった利用者さんと交わした、最後の会話です。

「今、大好きなお父ちゃんと一緒にいるんだな」と私は思いました。この利用者さんは認知症を発症していましたが症状が進むにつれ、亡くなったご主人と一緒に生きた昔に戻る時間が少しずつ増えていきました。

穏やかに息を引き取ったあと、ご家族と一緒に湯灌《ゆかん》（棺に納める前に体を洗い清めること）を行ったときに彼女が浮かべていた満ち足りてどこか安堵したようなほほえみに似た表情は、まだ若かった私の心を強くとらえて離しませんでした。

人はこんなふうに旅立つことができるのか。最期にこんな幸せな表情ができるものなのか。私はこのときほど、いつか自分が死ぬときを強く意識したことはありませんでした。

どのように生きればこのように死ねるのか、そのときの私には分かりませんでした。生前にこの利用者さんからはいろいろと昔の話を聞かせてもらってはいましたが、一緒に過ごしたほんのわずかな時間では知るべくもない「このように死ぬための生き方」があったのだろうと思えたのです。そして私は、いかに生きるのか、どのように毎日を過ごし、周囲の人々や自分の仕事とどう向き合っていくのかを、それまで以上に考えるようになったのです。

いつか必ず迎える最期を見据えているからこそ、今日を生きることの大切さを知ることができます。そして、今日の大切さを知るからこそ、自分を支える周囲のありがたさを感じ、そのために何ができるかを考えることができます。それが、例えば人にやさしくする意味であったり、働く価値であったり、生きる喜びにつながっていきます。私が従事している介護という職業は人々との支え合い、助け合いで成り立つので

命日に向かって生きよう　若者のための

なおさらですが、ほかの業種でも、どんな生き方の中にも、同じことはいえるのだと思います。

ですから、死を遠くに感じている若い人にこそ、自分なりの「死生観」をもってほしいのです。もし、明日死ぬかもしれないとしたら……そう考えてみることで、自分の大切なもの、絶対に譲れないこと、かけがえのない宝物、捨ててもいい過剰な荷物などがクリアになり、自分にとっての価値ある生き方が見えてくるはずです。

死を見つめることは、今をより良く生きるためのスタートラインなのです。

本書は、私が経験したお別れと学びについて伝えることで、若い人たちが自分の死生観をもち、生き方を見つめ直すきっかけにしていただけたらという思いでま…
した。

決して堅苦しく語るつもりはなく、「死を想うこと」、それに…
生きること」を分かりやすくお伝えしたつもりです。

［PART 2］

「PART 1」

死ぬことを想像して、今をどう生きるかを考える自分らしい人生を発見するための死生観

「明日が来ない日」は誰にでも100%やってくる

「明日でいいや」

「いつかやろう」

誰もがよく、そう思います。

でも、その「明日」が来なかったら？

「いつか」が来なかったら？

脅かすつもりはありませんが、誰でもそのときを迎えます。

人は100%、死ぬのですから。

「そんなことは分かっている」と、思うかもしれません。けれども人は、なぜか自分だけは死なないと思っているものです。

もちろん永遠に生きるつもりの人はいないでしょうが、まだまだ死は遠くにあって、そのことを考える必要はないと、心に蓋をしているのです。

でも、ちょっと考えてみてください。

死は考えなくてもいいくらい、遠くにあるのでしょうか。

本当はあなたが思っているより、ずっと身近にあります。

私は、毎晩、寝る前に自分にこう問いかけます。

「今日死んでも、悔いはないよね？」

ちょっと変わった習慣だと思われるでしょうが、大真面目にやっています。

眠りについてそのまま、もし明日の朝、目覚めなくても「思い残すことはない」という自分への確認なのです。

だから、試しにあなたも、寝る前に「このまま死んだら……」「明日、目覚めなかったら……」と考えてみてください。

介護の仕事では、多くの利用者さんとのお別れを経験します。私もさまざまなお別れを経験し、そのたびにたくさんのことを学びました。

そして、気がついたら寝る前に「今日死んでも……」と、自分に問いかけることが習慣化していたのです。

毎晩、「今日、死ぬかも」「明日、目覚めないかも」と考えるなんて、「なんか暗い」「怖い」と思うでしょう。以前なら、私もそう思っていたかもしれませんが、これが習慣になると、意外とすがすがしいのです。

人間ですから、やり残しや後悔がまったくないように毎日を完璧に生きることはできません。でも、毎晩自分に問いかけることで、以前よりも自分にとって、今日いちばん大切なことは何か、を意識して優先順位を明確にすることができるようになりました。

「仮にこのまま目覚めなくて、明日が来なくてもいい。精いっぱいやったし、楽しんだし、OK！」と思えると、気持ち良く眠りにつけます。

そして翌朝、目覚めて新しい一日が始まったら、その幸運に感謝して「今日も頑張ろう！」と心から思えるのです。

もしも明日、目覚めなかったとしたら……。あなたのいちばんの心残りは何ですか。

「家族は悲しむだろうな。今まで言ったことがなかったけど、ちゃんと『ありがとう』と言いたかった」

「あの人に好きだと言えばよかった」

「いつかあそこに行きたかったのに」

「あの仕事をしたかったのに」

「やりたかったあのこと、やればよかった」

「もっと自分らしく、生きればよかった」

周囲の人とのこと、仕事のこと、趣味のこと……。たくさんあると思います。そう考えることで、今の自分にいちばん大切な人やことは何かが明確になってきます。だからこそ幸運にも翌朝目覚めることができたなら、それに向かって動き出してみませんか。

すぐにはできないこともあるでしょう。でも、実現に向かう道筋を、まずは考えてみるだけでもいいのです。それだけでも、自分の中で何かが動き出すはずです。「死を考える」ことは、自分の思いを動かすスイッチになります。

進むか、やめるか、迷ったら踏み出してみよう

「思い切ってやってみようか」

「いや、大変そうだからやめておこうか」

「でもやってみたい気持ちもある」

そんなふうに、心が行きつ戻りつして迷うことが誰にでもあると思います。そんなときは「やる」を選ぶほうが、人生の中では「だんぜん得だ」と私は考えています。

米英合作の「イエスマン」という映画があります。何にでも後ろ向きで「ノー」と言い続けてきた主人公が、何にでも「イエス」と答えることにし、大変な目に遭いながらも人生が前向きに変わっていく様子を描いたコメディ映画です。

まさにそのとおりで、迷ったら「イエス」の精神でいると、苦労はしても実り多い、死ぬときに後悔しない人生を歩めると私は実感しています。

私が介護の仕事を始めたのは、当時はまだ元気そのものだった夫に勧められたからでした。子育てが一段落した頃、ずっと専業主婦だった私に夫が言いました。

「もし時間ができたのならあなたも働いてみたら？　女性の感性を活かせる仕事だし、福祉の仕事をやってみてはどう？」

それまで私は福祉の仕事はもちろん、本格的に仕事に取り組んだ経験すらありませんでした。

それでも夫のアドバイスに従い、「福祉の仕事なんて私には無理かも。もし無理だったらすぐやめよう」というような軽い気持ちで始めたのがこの仕事への第一歩でした。今思うとずいぶんといいかげんな新人スタッフでした。

配属されたのは軽費老人ホームでした。自立されている利用者さんが、少人数で暮らす施設です。利用者さんはご自分の部屋で暮らしながら、食事サービスや生活支援を受けることができます。

そこではじめて経験した介護の仕事に私はのめり込んでしまいました。最初は軽い気持ちで飛び込んだものの、自分を必要としてくれる人がいて、その人の力になれること、信頼してもらい、その気持ちに応えていくことが、なによりうれしく楽しかったのです。

実のところ夫も勧めてはみたものの「3カ月続くかどうか」と思っていたそうです。そんな心配をよそに、私は仕事が楽しくてたまらず、知らないことや分からないことも多かったので、高齢者福祉についてひたすら勉強し、社会福祉士やケアマネジャーなどいろいろな資格をとりました。

すると、ますます介護の仕事の面白さや奥深さが見えてきて、さらに好きになりました。利用者さんやご家族、新しく入居したいという人たちと触れ合うたびに、よりいっそう、この仕事をやってよかったと思いました。

あなたにも、「できるだろうか」「やるか、やめておくか」と迷うことがあったら、まずは踏み出してみませんか。やめることはいつでもできます。今、最初に踏み出すその一歩は、あなたの人生の宝物になるかもしれません。

やりたい気持ちを抱えているのなら、「今日、死んでも悔いはない?」と一度、自分自身の心に真剣に問いかけてみてください。

人は死んでも生き続ける

「人は死んだら終わり」

そう思う人は多いはずです。

「どうせ死んだら何もかもなくなるんだから、一生懸命生きるとか、自分らしく生きるとか、意味がないのでは？」と思う人もいるかもしれません。

2011年3月11日、東日本大震災がありました。同じ年の夏に、『人は死なない』（バジリコ刊）という本が出版されました。著者の矢作直樹氏が東京大学医学部附属病院の現役の医師（当時、現在は東京大学名誉教授）だったこともあり、大きな話題になりました。魂の存在について、臨床医の立場から思索した類のない書籍です。

シンプルである分、インパクトに満ちたタイトルです。そのシンプルなタイトルどおり、私も「人は死なない」と思っています。

私が考える「人は死なない」には2つの意味があります。

一つはたとえ死んでしまっても、身近な人の心の中で生き続けられるということです。

私が介護の仕事にのめり込んでいった矢先、介護の仕事を進めてくれた夫に病気が見つかり、闘病後に帰らぬ人となってしまいました。

失意のどん底にあった私は、生きる気力も失い、生きているのがつらくてたまりませんでした。毎日、夫の後を追うことばかり考えていた私に、知人から投げかけられた言葉があります。

「あなたは旦那さんを二回殺すのですか？」

「旦那さんはあなたの心の中で生きているのではないですか？」

確かに、私の心の中には生前の夫との思い出がたくさんあります。私が死んでしまえば、私の中で生きている夫も死んでしまうことになるのだと気づき、前向きに生きる決心をしました。身近な人が亡くなったとき、誰もがその人のことを思い出すことがあると思います。そんなとき亡くなった人はその人の中で生き続けているといえると思います。

そしてもう一つは、死後の世界があってそこで魂は生き続けるという意味です。

この死後の世界については、いろいろな考え方があって当然です。死後の世界を経験して帰ってきた人はいないので（時々そんな話も見聞きしますが）、死後の世界があるという証明もできませんから、これはもう信じるかどうかだけの問題になります。

しかし、心の中で人が生き続けることについては、誰も否定できないはずです。

誰にも知られずに生まれ、誰とも接点をもたないまま死んでいく人はいません。付き合いが狭かろうが、子どもがいなかろうが、必ず誰かと接して生きています。その人たちの心の中には、亡くなったあとも、人は必ず生き続けるのです。

あなたの周囲の人、あなたが大切に思っている人、あなたを大切に思っている人……。

あなたが亡くなっても、あなたはその人たちの中で生き続けます。

そのとき、どんなふうに思い出してもらいたいですか。それをリアルに考えてみることも、生を輝かせるスイッチになると私は思います。

死は終わりではなく、あなたが生きている間にやったことは残り、受け継がれていきます。世の中に知られる偉業でなくても、小さなこと、日常の一コマ、ほんの少し人の心を揺さぶったこと……。何かが必ず周囲の人の中で生き続けます。

だから、どんなふうに生きたいか、どんなふうに生き続けたいか、何を人の心に残したいか……。そんなことも、改めて少しずつ考えてみませんか。

過去生や死後の世界に思いを馳せてみる

仏教には「輪廻転生《りんねてんしょう》」という考え方があります。輪廻転生とは、亡くなってあの世に帰った魂が、次は別の人に宿ってこの世に戻り、それを繰り返すことです。英語では「リインカネーション（Reincarnation）」といいます。手塚治虫の漫画「火の鳥」は、輪廻転生をテーマにさまざまな時代を巡って人間とは何かを問いかける壮大な名作です。

死後の世界と同じく、輪廻転生についても信じる人と信じない人がいるのは当然です。

私は輪廻転生もあると信じています。単に漠然と信じているというだけではありません。過去にある体験をし、輪廻転生があると確信したのです。

それは、大学時代にインドに行ったときの体験です。

もともと辯天様はインドの神様（ヒンドゥー教の女神・サラスヴァティー）です。私は大学でインド文化を専攻していて、その勉強と趣味の旅行を兼ねてインドを旅したのです。

お釈迦様の仏跡を巡ったのち、インドの北東にあるクシナガラという場所に行きました。ここは、お釈迦様が入滅つまり亡くなった場所で、クシナガラ涅槃堂《ねはんどう》と呼ばれるお堂があります。そこに、有名な涅槃像（釈迦が亡くなったときの様子を描いた像）が祀られていました。

お釈迦様は、35歳のときに悟りを開かれてから、45年間、弟子たちを伴って布教の旅を続け、クシナガラで80年の生涯を閉じたとされています。

その入滅の地にあるクシナガラ涅槃像は、6メートルを超える巨大な像で、各地のほとんどの涅槃像がそうであるように右を下にして横たわった姿です。右を下にしているのは、経典にある入滅のときのお姿がそうだからです。

像そのものが金色に塗られているうえ、美しい金色の布がかけてあるので、全身が光り輝いて見えました。

多くの人がお参りに訪れ、像の周囲には花や果物、植物など、たくさんのものが供えてあります。その涅槃像を前にして頭《こうべ》を垂れ、お祈りをしようとしたところ、不思議なことが起こりました。なぜかそのまま、私の頭は上がらなくなってしまったのです。

誰かに頭を押されたようになって、どうしても上げられません。そして、悲しくもないのに、とめどなく涙があふれ出してきました。頭を下げたまま気がつくと私は号泣していました。

どのくらい時間が経ったか分かりませんが、オイオイと泣き続けたあと、ふっと頭にかかっていた力が消えました。ゆっくりと頭を上げることができ、そこにはミャンマーのお坊様が立っておられました。

「どこから来たのか」と英語で聞くので、「ジャパン、ジャパンです」と答えると、

「よく来たね、君」といって私の肩を抱き、手にインドリンゴを持たせてくれました。インドリンゴは、インドでよくお供え物に使われる小さなリンゴです。

そのとき私は、自分が過去生つまり前世など過去の人生でこの地にいたのだと確信しました。いくつ前の生まれ変わりかは分かりませんが、お釈迦様の末端の弟子でいたように思えました。

頭の中に、修行が足りないと言われて落ち葉を掃いている自分の姿が浮かびました。すると急に、パーッと枯れ葉が私の手に舞い落ちてきたのです。私は今もその落ち葉を持っています。この不思議な体験を通じて、私は輪廻転生があることを確信しました。

死後の世界で祖母と夫に会うのを楽しみにしていましたが、実はお釈迦様にも会えるだろうかと、それも少し期待しています。

あなたは、ある場所に行って理由もなく懐かしくなったり、ふいに涙が流れたりしたことはありませんか。もしそんなことがあったら、過去生の何かを示しているのかもしれません。

そして、死後の世界があるとしたら、あなたにはそこで会いたい人がいるでしょうか。会って、褒めてもらいたい人はいますか。それを考えてみることも、生きる力を増す原動力になると思います。

ファーストペンギンたれ

若い人と話していると、「人にこう言われたからこうする」「みんながそうしているからそうする」ということが、とても多いと感じます。

もちろん仕事をするときは、覚えるまでは上司や先輩に教えてもらい、言われたことを守りながらやっていくことが大事です。しかし、仕事以外のことでは本当に自分のやりたいことがあっても、「失敗するのは嫌だから」と気持ちを抑え込んでいることが多いようです。

何年か前に、「覚悟《カクゴ》の瞬間《トキ》（現・私のカクゴ）」という動画配信メディアからの取材を受けました。そのとき、私は自分の経験を踏まえて、若い人たちに生き方のヒントになるようなアドバイスをと言われて、「ファーストペンギンたれ」という話をしました。

ファーストペンギンは、何年か前にはドラマのタイトルにもなったので、ご存じの方も多いでしょう。群れで過ごすペンギンの中から、魚をとるために天敵などの危険が潜む海へ、勇気をもって最初に飛び込むペンギンのことです。ファーストペンギンは、危険を冒すのと引き換えに、多くの魚をとることができます。

ビジネス上の先行者利益の例えとしても使われますが、私が「ファーストペンギンたれ」というのは、ビジネスチャンスの意味とはちょっと違います。

日本は、横並びが良いとされがちで、そこから外れて目立つ行動は叩かれることが多いので、ファーストペンギンになるのには、ことさらに勇気が必要です。もちろん誰もやらないことをしようと思えばリスクも伴うでしょう。

だからこそ、日本の若い人にこの言葉を贈りたいのです。もしやりたいことがあって、「誰もやっていないから」「目立つのが怖いから」といった理由でためらっているなら、思い切って最初に海に飛び込んでほしいと思います。

介護業界に縁がなかった私は、この世界に飛び込んでから、前例のないことをたくさんやってきました。逆にこの業界での経験がないからこそ、常識にとらわれない思い切ったことができたともいえます。

私は、前例がないからと諦めずに、やりたいことを貫いてきて本当によかったと思います。

夫の夢でもあり、私がやりたかった理想の施設作りができて、本当にうれしく毎日が楽しいからです。「今日死んでも悔いはないよね？」という自分への問いに、胸を張って「Ｙｅｓ！」と答えられるからです。

一度きりの人生だから、明日が来ない日が訪れる前に、若い人たちにはやりたいことをやってほしい。だからこそ、「ファーストペンギンたれ」と伝えたいのです。

本書を読んでくれているあなたも、前例がないという理由で諦めないでほしいと思います。死ぬときに「ああ、あれをやっておけばよかった」と後悔しないためにも、どうか勇気をもってチャレンジしてください。

つらいことばかり続くと思っている人へ……

やりたいことをやるといっても、それ以前に物事がうまくいかない。思うようにならない。自分の望まない悪いことばかり起きる。そう思っている人もいるかもしれません。

私もそうでした。

振り返ると、高校のときは辯天宗の宗祖の孫ということで、ひどいいじめに遭いました。そばで支えてくれる友達のおかげで乗り切れましたが、その助けがなかったら、どうなっていただろうと思います。

結婚して3人の娘に恵まれたことはとても幸運でしたが、次女の妊娠中には早期胎盤剥離という胎盤がはがれて母子ともに危険になる病気になり、緊急帝王切開で産みました。このときは、あと5分遅かったら母子ともに危なかったと言われています。

3人の子どもには恵まれましたが、結局この結婚生活はうまくいかず、娘がそれぞれ7歳・4歳・1歳のときに離婚することになります。その後、阪神・淡路大震災に遭って命こそ助かったものの、苦しい避難所生活を送りました。

それでも子どもたちの成長が楽しみで、再婚した夫と尊敬し合って仕事に打ち込む毎日は、今から思えば私の人生でいちばん幸せであったのではないかと思います。

しかし、ずっと続くと思っていたその生活は、夫の死によって断ち切られました。生きている意味を見失ってしまった私はそこで自らの死を考えましたが、ギリギリのところで踏みとどまります。

不幸な出来事が起きると、「なぜこうなるの？」「なんで私ばっかり」と、恨みつらみの言葉が口を突いて出ます。でも、起きてしまったことは決して元には戻せません。そして、起きたことには必ず何かの意味があるのです。その意味をきちんと見つけ出したときに、はじめて新しい自分にバージョンアップできるのです。

私もまた、夫の死のショックから何とか立ち直ってからは前を向いて日々を過ごせるようになりました。そうなってみると、当時は最悪と思えるようなことがいくつもありましたが、「みんな今につながっている」と思えます。

夫のやり残した介護事業をやろうと決めたことで新しい道が拓けました。そして今、福祉の仕事に打ち込んで充実した日々を送り、皆さんに喜んでいただくことができています。

また離婚と夫との死別の両方を経験したことで、同じような経験をもつスタッフや利用者さんのいろいろな相談に乗ったり、力づけたりすることができます。そんなとき「園長が幸せに生きてきただけの人なら響かないけど……」と、私の言葉に耳を傾けてもらえます。

どんなにつらいことや悪いことがあっても、そのときは分からないかもしれませんが、必ず何かの意味があります。今、つらいことのまっただなかにいる人は、そんなふうにはとても思えないでしょうけれど、不運や悲しみも、やがては回り回って良いことを運んでくるのです。

「人間万事塞翁が馬」とは、人生は、一見不運なことが幸運につながったり、その逆のことが起こったりするという意味のことわざですが（ある老人の馬にまつわる故事が元になっています）、本当にそうだなあと思います。

「禍福はあざなえる縄のごとし（災いと幸福はより合わせた縄のように表裏一体）」

という言葉もありますね。災いだけでよった縄も、幸福だけでよった縄もないのです。どうか、そのことを信じてください。

チャンスを逃したら二度と聞けない言葉がある

人生の中では、「絶対にそのときしか聞けない言葉」というものがあります。そのチャンスを逃したら二度と聞くことができない言葉です。このことを思うとき、私の頭に真っ先に思い浮かぶのは、後悔してもしきれないあるお別れです。

私が介護の仕事を始めて、最初に配属された軽費老人ホームでは、月に4回ほど、交代で職員が宿直していました。

軽費老人ホームの利用者さんは、基本的には自立されているので、それほど介助を必要とするわけではありません。それでも食事の配膳をしたり、体調不良の人がいたら看護師や医師に連絡したりするために、スタッフが宿泊することになっていました。

そこで暮らしていた利用者さんの一人で、昔、ちょっと派手に暮らしていた女性がいました。この人はご主人が亡くなり、息子さんが身体障害者施設に入ったため、「年金が足りなくなり、貯金も底をついてきた」というような話をされていました。そんなことから「この施設にいられなくなるかもしれない。でもほかのところには行きたくない」とも話していました。

私が宿直のとき、その人が私に「どうしても話をしたい。夜の配膳や片付けが終わったら時間を取ってほしい」と希望されました。いつになく真剣な面持ちの彼女に、私も「分かりました」と答えました。

ところがたまたまその夜、発作を起こした利用者さんと、体調を崩した利用者さんが重なり、私は病院への連絡やケアに追われ時間を取ることが難しくなり、その人に、「ごめんなさい。悪いんだけどこの方たちのケアをしないといけないので、明日の朝必ず、いちばんにお部屋に行くから待っててくれます？」と伝えました。

「分かった。じゃあ、明日の朝いちばんで来てくれるわね？」というその人に、「行きますよ、必ず。約束ね」と私が答えると、さらに「約束だからね」と彼女はそう言って笑顔を浮かべてお部屋へと帰っていったのです。

翌朝、お部屋を訪ねると、いつもならノックの音に元気に返事をされるのに、声が聞こえません。胸騒ぎを感じながら室内に入ると、あろうことかベッドに横たわったまま亡くなられていたのです。

「何で？……そんな！」私は動転しながら大急ぎで医師を呼びましたが、駆け付けた医師の検死の結果は自然死ということでした。私にはとても信じられませんでした。

「前日まであんなに元気だったのに、どうして……」と、悲しみと何とかできなかったのかという自分への怒りが入り交じった思いで、彼女の眠るような横顔をぼんやりと眺めることしかできませんでした。

あの夜、彼女の部屋に行かなかったことを今でもとても後悔しています。私に何を言いたかったのか、どんな話をしたかったのか、もう永遠に聞くことはできません。

「来てくれるわね？」といった声が、今でも心にトゲのように刺さっています。

私は、この悔やみきれないお別れの話を折に触れてスタッフにしています。

「だから、利用者さんがちょっと話を聞いてほしいと言ったときは、大変だったとしても、5分でも10分でもいいから話を聞いてあげてね」

みんなにそう話し、そして自分自身では、

「今日できることは今日しよう」

「今日伝えたいことは今日伝えよう」

と思うようになりました。


誰かから何かを頼まれて、「まあ、明日でいいかな」と思うことが、あなたにもあると思います。もちろん、ほとんどの場合、あなたも相手も明日も元気で、その約束は果たされるでしょう。けれど、その日にしか果たせず、永遠に果たせなくなってしまう約束もあるのです。

後悔しないためには、無理なくできることなら、できるだけ今日やることを心がけてください。

人生の最終章に命を懸けてでも遂げたい思いもある

死を間近にした人が何かをやりたいと望んだら、周囲の人は、できる限りかなえてあげたいと思うものです。施設にいるからといって、それがなおざりにされてはいけないと私は思います。ですから、利用者さんが何かを望んだら、私やスタッフは全力で応援します。

名古屋市出身の利用者さんで、「どうしても名古屋にお墓参りに行きたい」とおっしゃる女性がいました。お年が100歳近くで、心臓が弱っていたため、私たちの施設のある奈良県五條市から名古屋まで行くとすれば「命がもたないだろう」というのが医師の見立てでした。

それでもどうしても行きたいとおっしゃるので、できる限り態勢を整えて、思い切って行こうかとスタッフと話し合いました。

とはいえ、私たちの一存で決めるわけにはいきません。ご家族に、「ご本人が強く名古屋行きを希望されていること」「医師は命の保証はできないといっていること」「同意がもらえれば、最大限の準備をしてお連れしたいこと」を伝えて、同意を求めました。

すると、ご家族も同行されるというのです。相談を重ねた結果、ご家族、看護師、スタッフと私で、さまざまな準備をしたうえでお連れすることになりました。

当日になり、私たちは車で6時間くらいかけて目的の霊園を訪ね、何とか無事にお墓参りをすることができました。

それは誰のお墓だったかというと、その利用者さんの離婚したご主人のお墓でした。ご主人は再婚されていたので、そちらの家族に迷惑をかけてはいけないと、今までずっとお墓参りに行きたいと言い出せないままだったようです。

しかし、もう自分の命が長くないと悟ったとき、やっぱり行きたい気持ちが抑えきれなくなり、思い切ってそちらの家族に連絡しました。すると、「もちろんかまいませんよ。どうぞいらしてください」と言われたそうです。

お墓参りのあとでそちらのお宅にもお邪魔し、お仏壇にもお参りしてきました。大勢で押しかけるような形になり、先方もご迷惑だったと思いますが、快く利用者さんと私たちを迎えてくれました。お仏壇に手を合わせ、遺影を見つめながら利用者さんはとてもうれしそうでした。人生最後のわだかまりを解消できたのかもしれません。

離婚経験があったことも含めて、誰のお墓なのか、スタッフも私も知らないまま現地まで付き添い、そこですべてが明かされたのです。

その利用者さんは奔放な雰囲気のおしゃれな女性で、若い頃はバーのママをされていたそうです。「私、いい女だったんだよ」とよく言っていました。

あるとき、私にいたずらっぽく「塩崎さん、私の鼻に触って」とおっしゃったことがありました。

「えっ、何ですか」と言いながら触ると、「私、整形して鼻にシリコン入れてるの。いい女も大変なのよ」と笑っていました。

良いお相手と結婚したものの、ご自分がほかの男性に惹かれ、すべてを捨て、お子さんも置いて離婚されたといういきさつだったようです。

医師に命は保証できないと言われていただけに、とにかく利用者さんの体が心配でしたが、やりたかったことをすべて終え、五條に帰ってくるまで無事でした。

施設にたどり着くと、本当にホッとした様子で、「これで安心したわ。ありがとう」と私たちにお礼を言ってくれました。そしてその翌日から意識が混濁し、数日後に眠るように旅立ったのです。

私たちの施設では利用者さんのご希望をできるだけかなえることをモットーにして

います。

この利用者さんとの旅は、ハラハラすることの連続でしたが、思い切って実行して本当に良かったと思っています。ご本人の満足そうな様子を見て、私たちもうれしく、悔いのない気持ちでお見送りできました。ご家族にとっても最高の思い出になり、私やスタッフはたくさんのことを学ばせていただきました。

これは介護の世界での一例ですが、人に喜んでもらえることは、どんな場面でも人としての大きな幸せです。ただ、誰かの希望に寄り添おうとすると、自分が大変だったり、リスクが生じたりすることは、介護の世界に限らずあると思います。ジレンマに苦しむときもあるでしょうが、「人に喜んでもらう」ことを目的にして粘り強く検討すれば、けっこう道が拓けるものです。

普段の日常生活、社会生活、友人関係などでも、そんな視点をもてたら、あなたの世界は大きく広がり、日々の充実度も高まると思いますよ。

後悔のない生き方を

私たちの施設の利用者さんの多くに認知症がありますが、長期記憶はしっかりしていることが多いものです。なので利用者さんたちは、私たちによく昔の話をしてくださいます。

生きていることが奇跡と思えるような死と隣り合わせの戦時中の話や、戦後の混乱期に、できることは何でもやって、自給自足で子どもたちを育てた話、お姑さんやご主人との強烈なバトルの話など、こちらもつい聴き入って、「それからそれから」と話していただくこともあります。

ある女性は昔、ご主人と一緒に中国の大連（朝鮮半島の北西にある遼東半島の南端の市）にいたそうです。現在は大きな都市になっている大連ですが、当時は草原が広がっていて、ご主人とともに馬で駆け抜けていたそうです。

放牧の仕事をしていて、馬に乗って羊を売りに行っていたと聞きました。聞いているだけで、なんだか壮大な気持ちになってきます。

その生き方のままに、「細かいことはごちゃごちゃ言わなくていいから」という大らかな方でした。95歳までお元気で、静かに、穏やかに旅立たれました。

その人の自由になった魂は、先立たれたご主人と一緒に、壮大な草原を駆け巡っているに違いないと、私は思いました。

私たちの施設には、ターミナル（終末期）をここで過ごしたいと、東京や大阪などの施設から、わざわざ移ってくる人もいます。一つには、この施設が辯天宗と深いつながりがあるので、信者さんが最期を過ごす場所として選んでくださるという事情もありますが、それとは関係なく、自分の望んだ、ゆったりとした最期を送りたいからという人も多くおられます。

最近では、大きな病院やほかの介護施設から、「ターミナルケアをお願いしたい」とリクエストしてこられる人も増えています。

そんなふうにして来られたある90代の女性は、亡くなる少し前に、私たちがびっくりするほどハッキリした大きな声で「幸せだったーっ！」と叫ばれました。

前日、体調の良いときを見計らって、お風呂に入っていただきました。とても気持ちがいいと喜んでくださって、そのあとには大好きなお餅を召し上がりました。細かく切って、スタッフが口に運ぶと、「おいしい、おいしい」とおっしゃりながら召し上がったのです。

いつもニコニコと明るく、何事にも感謝の言葉を口にされる方でした。スタッフは、亡くなる前の弱った状態にもかかわらず、精いっぱいの大きな声で「幸せだった」という言葉をスタッフにかけてくれたことに感動しつつ、お別れを惜しんで号泣しました。

そんなお別れを体験すると、「あっぱれに生きた人はあっぱれに逝くんだな」と思えて胸がいっぱいになり、たくさんの贈り物をいただいたような気持ちになります。

ターミナル期の過ごし方は人生の縮図であって、「やっぱり人は、生きてきたように死ぬんだな」と思うことがあります。「思い残すことはない」と、満たされた気持ちでそのときを迎えられるか、「ああすればよかった、こうすればよかった」と後悔だらけで迎えるのかは、あなたの今の生き方にかかっているのです。

かけがえのない家族の時間

「亡くなったあとにも、人間は表情が変わることがある」といったら、あなたは信じますか。変な話だと思うかもしれませんが、私やスタッフは、日々、それを経験しています。

私たちの施設では、亡くなられたあとには湯灌をしてお見送りします。湯灌とは、棺に納める前にお体を湯で拭き清めることです。湯灌は大切な旅立ちの準備で、私たちが行わないといけないことだと思っています。またご家族にもお声がけして、可能な限り、一緒に行っていただきます。

ちょっと変な表現と思われるかもしれませんが、私は、この湯灌の時間が大好きです。

「頑張ったね。お疲れさまでした」
「お父さんの背中、こんなに大きかったんだね」
「お母さん、肌がつるつるね」

などと、ご家族と亡くなられた方の思い出を語り合いながら、お体をきれいにしていきます。そうしているとその方とのいろいろな出来事が思い出され、胸がいっぱいになります。そして、お体を拭きながら、ご家族とスタッフとで泣いたり笑ったりしていると、いつも不思議なことが起こります。

それは、横たわった利用者さんの顔が変わったように見えるのです。たいていはうっすらと色づき、ほほえむような表情になります。亡くなったばかりなので、湯灌をすることで体内で少し血が巡る影響かもしれませんが、私は、お話を聞いてくださっているのだなと思います。

チベット仏教では、亡くなったあとも耳は聞こえているとされ、僧侶があの世への道筋や無事にたどり着くためのアドバイスを耳元でささやき続けるそうです。

ですから、亡くなったあとも耳が聞こえていると考えるのは、あながち荒唐無稽とも言い切れないでしょう。少なくとも、そう思って話しかけたり、言えなかったことを伝えたりすることで、ご家族や見送る人にとってはいい時間が過ごせます。

大切な人をお見送りするとき、もし臨終のときに間に合わなくても、伝えたいことがあるのなら、どうぞ諦めずに耳元で伝えてくださいね。

命日に向かって生きる――自分の葬式をプロデュース

今、若い人たちの結婚式は、オリジナリティ豊かなものが多いですね。豪華でなくても、自分たちで工夫したり、好きなことを盛り込んだり……。イベントとして楽しめる式に出席して、感心させられることがよくあります。

でも、昔の結婚式はこうはいきませんでした。たいていは式場が用意したプログラムに沿って、とにかくトラブルが起きないように無難な形どおりの式が当たり前だったのです。新郎新婦だけでなく、それぞれの両親もほかと違ったことをしようとすると、「みっともない」「普通がいちばんいい」と止められることも多かったのです。

2度結婚した私自身も、今の若い人たちのように自分たちの手で自分たちの結婚式をプロデュースすることなど到底できませんでした。

ですから、「自分のお葬式くらいは思うようにプロデュースしたい」というのが私の希望です。娘たちにもそういって、着せてもらいたい服、会場のインテリア、かけてもらいたい音楽などを、今から考え始めています。

私は、X JAPANのYOSHIKIさんの熱烈なファンなので、かける音楽は完全に決まっていて、絶対に譲れません。その話をすると、娘たちは呆れたように「それはそうでしょうね」と苦笑いしています。こんなお花をこう飾って、こんな写真も飾って……などと考えていると、ワクワクしてきます。

死ぬときには「ああ、いい人生だった。やりきったよね！」といって、ロックのイメージで、あの世にいきたいと思っています。

昔から、死ぬことやお葬式のことなどは、「縁起が悪い」といって話題にするのを避けがちですが、本当は結婚式と同じくらいに、明るく前向きに考えてもいいのではないでしょうか。

最近では亡くなる前に生前葬を行うという話もよく聞きます。仲の良いお友達やお世話になった人たちに、生きているうちに会って感謝の気持ちを伝えたいという考えで行われるものです。これもまた悔いのないように生きるという一つの形なのだと思います。

亡くなった日のことを「命日」といいます。「命の日」だから、同じ日に生まれ変わるのではないかと、私は思っています。

命日とは、通常はその人の亡くなった「○月○日」を指しますが、実は別の月の「○日」も命日と呼ばれます。厳密には、亡くなった月・日は「祥月命日《しょうつき》」、それ以外の月の亡くなった日は「月命日《つき》」と呼びます。

そもそも亡くなった日を「命の日」と呼ぶのも不思議ですが、「祥月命日」もちょっと不思議な言葉です。私たちの施設の名前「祥水園」の「祥」は、「おめでたいこと・喜ぶべきこと・幸い」などを意味する漢字です。亡くなった月を意味するのに、こんな晴れやかな漢字が使われているのです。

ついでにいうと、お葬式のときなどに使う「生前」という言葉も不思議です。「生前はお世話になりました」などと、亡くなる前の生きていたときを指して使う言葉ですが、本来なら亡くなったあとが「死後」ですから、亡くなる前は「死前」ではないでしょうか。

まるで「生まれる前」を指しているかのような「生前」という言葉。「命日」「祥月命日」という言葉とともに、字面を眺めていると、「死」とは、もしや「あの世での誕生」で、あちらではお祝いごとなのかしら……などと考えを巡らせてしまいます。あの世でのお誕生日だとしたら、ロックをかけてにぎやかに、晴れやかにしてもかまいませんよね。

本書のタイトル「命日に向かって生きよう」は、人によっては少し暗さを感じるかもしれません。しかし、「〝あの世でのお誕生日〟に向かって今を生ききる」と言いかえると、明るくとらえていただけるのではないでしょうか。

そんなふうに、死ぬことをちょっと明るくとらえつつ、生きている今を大切にすると、日常のいろんなことが、少しずつ違って見えてくると思いますよ。

メメント・モリ――「死を想え」に隠された意味

よく「死を想え」と訳される「メメント・モリ」という言葉があります。原語は「Ｍｅｍｅｎｔｏ（思い出せ）ｍｏｒｉ（死）」というラテン語で、「自分がいつか必ず死ぬことを忘れるな」という意味です。

若い人たちにとっては、語源や元の意味よりも、オンラインでのRPGのタイトルとして知られていると思います。ほかにも「メメント・モリ」という小説や、「モンスト（モンスターストライク）」というゲームの中に登場するキャラクター名としても使われており、聞いたことがある人は多いと思います。

人間がいつか必ず死ぬことは、誰でも理屈では分かっていますよね。でも、日常の中で、私たちはそれを忘れているか、または忘れたふりをして生きています。「それをしっかり思い出そう。覚えておこう」という意味が、メメント・モリという言葉には込められています。

もともとは古代ローマで戦いに勝った将軍が凱旋パレードを行うとき、後ろにいる使用人が将軍にささやく言葉だったといいます。「今日は勝ったが、明日も勝てるかは分からない」という驕《おご》りを防ぐ戒めの言葉だったそうです。同時に「今を楽しめ。明日死ぬかもしれないから」という意味もあるそうです。

その後、キリスト教では、メメント・モリを「（現世利益より）死後の世界のことを考えよ」と解釈するようになりました。その後はキリスト教の布教とともに世界中に広まり、この考えは世界各国で古くから現在まで、多くの芸術作品や表現のモチーフにされてきました。

またこの考え方は現代の著名な人たちにもさまざまな影響を与えています。アップルの創始者、スティーブ・ジョブズもまたメメント・モリの考え方に影響を受けた一人です。彼がその考え方に基づいた視点で行った、スタンフォード大学の卒業祝賀スピーチがあります。

「17歳のとき、私はこんな言葉に出合いました。

『毎日を人生最後の日だと思って生きれば、いつか本当にその日が来る』

印象的な言葉だったので、それから33年間、私は毎朝、鏡に映る自分に問いかけています。

『もし今日が人生最後の日だとしても、今日の予定を変えないか』と。

その答えとして何日も『Ｎｏ』が続くなら、生き方を見直す必要があるでしょう」

「本当にそうだ」と、思わずうなずいてしまう言葉です。このように、現在ではメメント・モリは、「死に思いを馳せれば、生きている今を充実させることができる」という意味合いで使われることが多くなっています。

本書でお伝えしたいことも、まさにそこにあります。

避けることのできない死を想うことを習慣にすれば、限りある生をいいかげんには過ごせないという気持ちが強まり、毎日を大切にすることにつながります。

日々慌ただしく過ぎていく中で、つい忘れてしまう「死」を思い出し、意識するために、簡潔で響きもすてきな「メメント・モリ」の言葉を記憶しておくのはとても良い方法だと思います。

「今をしっかり生きよう」というだけでなく、この言葉の歴史を見れば「今を楽しめ」という意味も隠されているところが、ただの教訓ではなく、なんだか人間的ですてきだなと思います。

間違ってはいけないのは、これは決してその瞬間だけを刹那的に過ごせという意味ではないということです。仮に今日、死んでも後悔しないように、好きなことを楽しみ、やりたいことの実現に向けて動き、自分らしく生きるということが重要なのです。

ですから、若い人たちにこそ、メメント・モリの気持ちで、それを目指していただきたいのです。私自身も、もちろんそれをしっかりと心にとめて、日々全力で生きることを楽しんでいます。

ただ、「やりたいことをする」「自分らしく生きる」といっても、もちろん人を傷つけて自分勝手に過ごすのは困ります。そこで、自分も人も大切にしながら、自分らしく悔いなく生きるために、ヒントにしていただきたい、いくつかのフレーズがあります。

それは辯天宗の宗祖だった祖母が残した言葉です。その言葉の中から、特に私が大事にしているものを、分かりやすくアレンジしてお伝えしていきたいと思います。

［PART 2］

ちょっとだけ心構えを変えてみる
自分らしい人生を実現するための
33のヒント

まごころを
大切にする心から
幸せが生まれる

「まごころ」というと、古めかしい言葉だと思われるかもしれません。いまどきはあまり使われないように思いますが、だからこそ意識してみてほしい言葉です。

まごころは、漢字では「真心」――真の心と書きますが、これは「相手に対する気持ち」というふうに私はとらえています。

自分の家族や、周囲の人たちに対して、「相手のため」といいながら、「私がこれをしてあげた」とか、「この人、私がいるからやっていける」などと、勝手に思ってしまうことが誰にもあると思います。

例えばアルバイトで仕事をしているときに、きつい仕事を代わってあげたり、業務シフトを代わってあげたりというのはよくあることです。そのときに無意識に「やってあげた」という上から目線の考え方になってしまう場合が多いのです。そうなると今度は自分が困ったときに助けてもらえないと「あのとき助けてあげたのに」と恨めしい気持ちになってしまいます。

このようにどこかで見返りを求める気持ちや、自分が優位に立っているという考えでは、まごころとはいえません。

仏教には「自利利他」という言葉があります。あまり聞かない四字熟語ですし、もちろんテストにも出てきません。字面だけ見れば、単に「自分の利益・他人の利益」というふうに読めますが、実はもっと深い意味が込められています。

これは一言で言えば「相手の立場に立って考えれば、自分の幸せになって返ってくる」ということです。仏教の話でいうと、一生懸命に修行すれば功徳（神仏からの恵み）が得られるけれども、「それを自分だけのためでなく、人のためにも活かせば、もっと幸福になれますよ」という意味を示しています。

自利という自分のことだけではなく、利他という他人のことだけでもなく、「自利利他」という両方のために、というところがこの言葉のポイントだと思います。

詩人の相田みつをさんの作品の中に、自利利他の心を表しているといわれる一節があります。

「うばい合えば足らぬ　わけ合えばあまる」

この言葉は、自利だけなら奪い合いになるけれど、全部与えるのでもなく、「わけ合う」ことが本当の幸せを実現する道だと語っているのだと思います。実際に介護の現場にいると、日々、そのことを考えさせられます。

私たちの施設では、「『してやる』のではなく、『させていただく』のです」という言葉を、理念の一つとして大切にしています。これも、辯天宗の宗祖として祖母が残した言葉ですが、介護の場にぴったりだと感じて、ホームページなどにも掲げているのです。ただ、この理念は、自己犠牲を払ってでも利用者さんに尽くすという意味ではないので、「そこを誤解しないで」と、常々スタッフに言っています。

介護や福祉の仕事に就く人は、基本的に心根のやさしい人が多いので、ともすれば介護に一生懸命になり過ぎ、我慢して自己犠牲を払ってしまったり、へりくだり過ぎたりする場合があります。そしてその結果、手助けをする側が疲弊したり倒れてしまったりしたら本末転倒です。

それでは自利利他にはならず、本当のまごころともいえません。自分を必要以上に卑下したり、軽んじたりする人は、本当の意味で人にやさしくすることはできないからです。自利利他は「私もあなたも幸せになる」ということです。自己犠牲はときとして、ただの自己満足になってしまうことがあります。

また少し違う形ですが、「私がいないと、この人は生活していけない。だから何でもしてあげなければ」という思い込みも本当のまごころではありません。「本当に相手のことを思っているのであれば、私がいなくても、誰と接しても穏やかに暮らせるように支援していくのがまごころだと思う」と私は思います。

どんな立ち位置で利用者さんと接していくかは、介護の重要な部分だと思うので、こういう話はスタッフに対してよくします。

これはもちろん介護の現場に限りません。学校でも、職場やアルバイトの現場でも、さらには家族に接するときでも、どんな場合でも、自分を大切にしながら、相手も大切にするのが真の心、まごころです。自利利他の気持ちで苦労も楽しみも「わけ合う」ことから幸せが生まれるのです。

「まごころ」という言葉をそんなふうにとらえて、心にとどめていただければと思います。

徳は水と同じ。低い姿勢・謙虚な心に流れ込む

私たちは水を毎日いろいろな用途に使い、お世話になっています。水のあり方に着目すると大切なことが見えてきます。水にはいくつかの性質がありますが、それらは人にとって大切な「徳」と共通していたり、深い関係があったりすることを前ページの言葉は表しています。

「徳」とはまた古めかしい言葉で、難しい宗教の本とか「三国志」などの歴史物語の中でしかお目にかかれないようなものだと思います。ところが「徳」は私たちの暮らしのあらゆるところに存在しています。

そもそも徳とは何なのか、よく分からないという人のほうが多いと思います。

徳にはいくつかの意味があり、第一に「優れた品性や人格」を意味します。「徳が高い」「人徳がある」などという、人の性質に関するもので、例えばメジャーリーガーで投打の二刀流で大活躍している大谷翔平選手のように、自身は努力を怠らず、他者に対して常に思いやりをもって接することができるような、すばらしい人がもっているものです。よく観察してみれば私たちの回りにもそういった人がきっといるはずです。大谷選手と言えば花巻東高校の時代に「人生設計ノート」を作って「26歳でワールドシリーズ優勝」といった目標を掲げて鍛錬に励んできたことも有名です。

第二に、「恩恵や神仏の加護」などを意味します。「徳を施す」「徳を授かる」などというときは、この意味で使っています。病気から奇跡的に復活したり、危ないところで事故を避けられたり、人智を超えた力が働いたおかげでピンチから救われたりすることです。

第三に、「善行や良い行い」を指すこともあり、「徳を積む」というときはこの意味になります。これは見返りを求めずに誰かのために手を差し伸べることで、特に他人に認められることなく、人知れず行うことは「陰徳を積む」と言って大切だとされています。

この「徳」が水と同じだというのはちょっと理解しにくいと思いますが、簡単に言えば、偉そうにしないで謙虚にしている人にこそ、優れた品性や人格が備わるということです。

誰でも知っているとおり、水は決して高いところに上ることはなく、いつでも低い方へと流れます。徳も同じで、高ぶった傲慢な心ではなく、謙虚な低い姿勢のところに流れていくという意味なのです。

また水は低いところに流れ込むとともに、入れた器に合わせて変幻自在に形を変えます。これは、どんなときにも素直な心でいるという意味です。決して、空気を読んでむやみやたらに人に合わせるという意味ではなく、いろいろなことを率直に受け入れて柔軟な心でいることを意味しています。だからこそ、徳が備わるためには常に水のような姿勢でいることが大切です。

さらに水は、流れることによってその場を浄化する力があります。今がどんなにきれいな状態でも、流れのない水はやがてよどんで汚れてきます。逆に、もし今が汚れていたとしても、流れがあれば浄化されていきます。よくトラブルのあとで仲直りすることを「水に流す」といいますが、これも水の浄化作用のたとえ話といえます。

いろいろなものをため込んだり、よどませたりしないで、例えば自分が受け取った良いものはさまざまな形で活用したり、誰かに与えたりして流していくことが、水のあり方に従う生き方ではないかと、私は解釈しています。

水の流れは偉大です。川の上流では、岩がゴツゴツしていますが、延々と水が流れていくことで、岩や石も削られ、運ばれた先の下流では丸くきれいな石になります。形に添う素直さがありながらも、長い月日をかけても物事をきれいに丸くする力を、水は備えているのです。

辯天宗では水をとても大事にしています。私の祖母、辯天宗の宗祖である大森智辯に、辯天様が「水の心を心とせよ」と告げたという言い伝えに由来します。そのとき、辯天様は「水の心があれば、私は常にあなたとともにあって現世苦業《げんせくごう》（この世のつらいことや苦しいこと）をなくしていきましょう」とおっしゃったそうです。

ここに挙げた水の心は、宗教とは関係なく、人として大事にしたいことです。それで、私たちの施設の「祥水園」という名前にも「水」を使っています。

「こんな生き方をしよう」と考えていても、私たち人間の心は弱いので、つい忘れがちです。そんなときに、清らかに流れる「水」をイメージしていると、目指すべき方向を見失わなくてすむのだと思います。

上り坂で
車を押し続ける気持ちで
日々を過ごす

上り坂で車を押し続けるという言葉を読むと、多くの人は、「うわー、しんどそう」「嫌だな」と思うかもしれません。誰も好き好んで、上り坂で車を押し続けながら日々を過ごしたいなんて思わないはずです。

ただこの言葉は、決して苦行のように汗を流しながら必死で車を押すという意味ではなく、日々、少しずつ努力するということを意味します。ポイントとなるのは「日々」という点です。物事は、下り坂や超特急のように何もかも急にうまくいくことはなく、「ちょっとの心がけを続けることこそ大切」ということなのです。よく言われる「継続は力なり」ということです。

私が好きな筋トレはまさにそうです。筋肉が急に増えることはなく、毎日ちょっとずつ鍛えることで、じわじわと増やすしかありません。本当に上り坂で車を押し続けるのと同じです。休んでしまうと、坂を下るようにズルズルと後ずさりしてしまうので「少しずつでいいから絶え間なく」が重要です。

さらに大切なのは、それを自分の成長のために、喜んでやるということです。筋トレはやっているときは苦しくても、結果として筋肉が増えることを知っているので喜んで続けることができます。そんなふうに、日々のいろいろなことを前向きにちょっとずつ頑張っていくことが大事です。

「でも、何を頑張ればいいの？」という人もいるかと思います。もちろん筋トレでもいいですし、仕事のステップアップを目指すとか、継続的に掃除をするとか、何かの作品を作るなど、何でもいいと思います。漢字の書き取りでも九九の暗記でも何でもいいのです。例えば受験勉強で行きづまったときや、スポーツの結果が伸び悩んでいたり、資格試験に挑んでいたりするときにも、この言葉が力になると思います。

何であれ、少しずつの努力を続けることがすばらしいのです。あるいは、「人のため」という視点から考えてみるのもいいと思います。「日々の中で、自分は人のために何ができるかな」「人に喜んでもらうことが何かできるだろうか」と考えることも大事です。

人のためというと、ちょっと身構えてしまいがちですが、ほんのちょっとしたことでも、周囲の人を幸せにすることはできます。ボランティア活動や災害被災地にものを送ったりという小さな援助はもちろん、重たい荷物を持っている人を手伝ったり、家の前を掃除したりと、人のためになることは日常生活のあちこちに存在しています。

これを仏教でいうと「布施」、平たくいえば「小さな親切」ということになると思います。「お布施」という言葉は、現在では、僧侶に読経をしてもらったり、戒名をつけてもらったりしたお礼として渡す金銭のことを指すようになっていますが、その元になっている「布施」という言葉には、もっと広い意味があります。

「布施」とは、「与えること」をいい、仏教の修行の一つです。そして与えるものは金品に限りません。笑顔や言葉遣い、ちょっとした気遣いもまた布施になるのです。

例えば「和顔施《わがんせ》」というものがあります。その意味は「笑顔を見せること」で、笑顔を見せるだけでも、布施の一つになるのです。といっても、自分の機嫌が良くて笑いたいときだけ笑顔を見せ、それ以外のときは仏頂面というのではダメです。いつも変わらない笑顔で、一緒にいる人をホッとさせたり、なごませたりしてこそ和顔施になります。それには、しっかりした意志をもって継続させる力が必要です。

そのほかにも「柔らかくやさしい言葉遣いをすること」を意味する「言辞施《ごんじせ》」や「座る場所を譲ること」を表す「床座施《しょうざせ》」などの布施があります。電車で、お年寄りや体の不自由な人、妊婦さんなどに席を譲ることも、立派な布施になるわけです。

ちょっとしたことでも、いつも心がけておくとなれば、たゆまぬ努力が必要です。そして周囲に困っている人がいないか目を配ることも大切です。それが、「上り坂を車で押し続ける気持ち」ということになります。苦行である必要はありませんが、自分のできる頑張りを続けることが尊いのです。

でも、本当に否応なしに上り坂で車を押し続けないといけない状況になったら、周囲の人に頼んで、一緒に押してもらってもいいのです。そのことも覚えておいてください。

感謝が足りないところに
不幸が生まれる

「なんでこんな親の元に生まれたんだろう」
「どうして友達に恵まれないんだろうか」
「仕事がうまくいかないのはあの人のせい」

このように何かにつけ、不平不満を抱く人がいます。どんなに幸運に恵まれても、不満を抱いている限り、幸せになることはできません。ずっと不幸のままになってしまいます。幸不幸はその人の気持ちしだいなので、感謝が足りない人が満たされることはないからです。逆に、感謝の心を忘れなければ、どんな状況にあったとしても幸せでいられます。たとえ、悪いことが続いたとしても「生きているだけで幸運」だからです。よく言う「生きてるだけで丸もうけ」ということですね。

今、世界のあちこちで悲惨な戦争が起こり、多くの人が命を失っています。阪神・淡路大震災でも、東日本大震災、能登半島地震でも大勢の人が亡くなりました。私も被災体験をしたので、「生きているだけでありがたい」という気持ちがいつも根底にあります。

自分を産んでくれた親に感謝、そばにいてくれる友達に感謝、仕事があることに感謝、いろいろなことがあるとしても、まず感謝から始めると物事がまるで違って見えてきます。感謝を知らない人や感謝が足りない人は、たいてい「他責の気持ち」、つまり自分以外の人や状況に責任があるとして、とがめる気持ちをもっています。

例えば大好きな恋人とささいなことが原因でけんか別れをしてしまったとき、「あの人があんなことを言ったから、あんなことをしたから悪い」と相手のせいにしてしまいがちです。でもよくよく考えてみれば自分にも悪いところがあったとは思わず、すべてを相手の責任にしてしまうのです。

「私のせいじゃない。私が悪いんじゃない。○○のせい。○○が悪い」というふうに考えることは誰にでもよくあることです。確かに生きていると、そう言いたくなることが山ほどあります。「なぜ私だけ」と、叫びたくなることもあるでしょう。そんなときは思いっきり叫んで悪態をついてもいいと思います。

でも、ひとしきり泣き叫んだら、「とりあえず生きている。ありがたい」というところに戻ってくることが大切です。そこを基盤にして、「産んでくれてありがとう」

「私の友達でいてくれてありがとう」「仕事があってありがたい」と、感謝の種探しをすることが必要なのです。

私は小学生の頃、山の上のお寺に住んでいました。その山を下りていったところに児童福祉施設がありました。何らかの事情があったり、虐待を受けていたりして、親と一緒に住めない子どもたちが暮らしていた施設です。

私はその施設にいる多くの子と仲よしでした。そこにいる子たちは、とてもやさしくて、私は大好きだったからです。

よく一緒に遊び、クリスマス会にも招かれて、楽しい時を過ごしました。その子たちから親に捨てられたとか、自分は不幸だとかは聞いたことはありません。でも、私に言わないだけで、そういう気持ちをもっていた人も、もちろん多かったでしょう。

最近、当時その中にいた一人の男性と、偶然、再会しました。彼は、中学から「グレまくった」と言っていました。私は中学以降のことは知らなかったのでちょっと驚きました。タバコを吸い、お酒も飲んで退学になりかけたけれど、「こんなことをしていたらダメだ」と思い直し、中学は無事に卒業して、その後、一生懸命働いたそうです。

彼は、「自分を捨てた親でもこの世に産んでくれた。それを思って頑張ろうと思った。そして、『自分は子どもを捨てる親にならんとこ』と思った」と言っていました。そして、希望を捨てずに頑張り続けて、今は年商何億円という会社で仕事をしているといっていました。「そっか。頑張ったね」と、泣きながら話を聞きました。

人間ですから、不平不満や恨みをもつのは仕方ないことですが、ずっとその中にい続けると、生きるべき自分の人生を生きられず、もったいない時間の使い方になってしまいます。限られた人生の中で、不平不満に塗り固められた無駄な時間を過ごすよりも、感謝の心をもって晴れやかな気分で生きるほうが、どれだけ充実して楽しい日々を過ごせるかを考えてみるべきです。不平不満や恨みは、知らぬうちに心の毒のようにたまっていき、あなたの貴重な時間を奪っていきます。感謝でデトックスして、すがすがしい心で自分のために時間を使うことが大切です。

やってくれることを
当たり前だと思わない

「親が子どもの面倒を見るのは当たり前」

「私がこれだけやってあげているのだから、これだけやってくれて当たり前」

などと、「当たり前」という言葉を使うことは多いのですが、本当は、どれも当たり前ではありません。特に、やってもらう側の人が使う「当たり前」には「感謝の心がない」と、いつも思います。最近ではカスタマーハラスメントという言葉もよく聞かれます。お客なのだから、お金を払っているんだから、サービスするのは当たり前、と考えて、理不尽なことまで要求する人が増えているというのです。

何かをやってもらうことは決して当然ではありません。当然どころか、そんなときは、「なかなかできないことだ。ありがたいな」と思うようにすると、お互いに気持ちがいいし、やってあげる側も、さらに良くしてあげたいという気持ちになるものです。そしてそういう気持ちを「ありがとう」という言葉にして伝えることも大切です。相手が親でも子どもでも、友達でも赤の他人でも、思うだけでなくきちんと伝えることも大事だと思います。

この「ありがとう」「ありがたい」という言葉も根本は仏教の中にあります。その原典はお釈迦様が弟子に語った例え話だともいわれています。

お釈迦様から、「あなたは、人間としてこの世に生まれたことをどう思っていますか」と尋ねられた弟子が「たいへん喜んでいます」と答えると、お釈迦様はこんな例え話をされました。

「大海の底に目が見えなくなった亀がいて、100年に一度、海面に顔を出す。海面には、真ん中に穴が空いた1本の丸太が浮いており、風や波にあおられて漂っている。100年に一度、浮かび上がるその亀が、丸太の穴にひょいと頭を入れることはあるだろうか」

弟子が「そんなことはとても考えられません」というと、「絶対にないと言い切れるか」とお釈迦様は重ねて問いました。「何億年×何億年、何兆年×何兆年の間には、頭を入れることがあるかもしれませんが、ないといっていいほど難しいことです」という弟子に、お釈迦様は「私たちが人間として生まれるのは、そんなことがあるよりも難しいことなのだよ」と説いたといいます。

この「有ることが難しい」「有り難い」という言葉が、「ありがたい」「ありがとう」

になったとされます。ですから、「ありがとう」には、もともと「当たり前」とは真逆の「なかなかないこと」という意味が込められているのです。当たり前と思わずに、そんな思いを込めて「ありがとう」と伝えたいものです。

介護の場では、ときに「お金を払っているのだから、やってもらって当たり前」という利用者さんやご家族と出会うことがあります。

そういう言葉や態度をぶつけられたとき、私は「当たり前だと思わないでください」とハッキリ言います。これは、対等な人間同士として、言わなければいけないことだと思っています。

そうしないとスタッフが自分を卑下することにもつながるので、毅然とした対応をします。スタッフの心を守っていくことも私の重要な役目だからです。

それでも、どうしても当たり前としか思っていただけない場合、最終的には「ご縁がありませんでしたね」「私たちの施設とは相性が良くなかったようです」などとお話しして退去してもらうこともあります。スタッフも私も一生懸命やっているので、たとえ文句を言われても、胸を張って堂々とそういえます。

人として対等でない態度を許してしまうと、スタッフの尊厳が傷つけられます。私に苦情を言ってくれればまだいいのですが、自分を抑えて、何も言えずに我慢してしまうと、いろいろな意味で危険です。

それはスタッフ自身の心の病気を招く危険性に加え、そこから虐待などの問題が起こることもあるからです。「当たり前」という思い込みはそれほど危険なものです。

私の施設でのエピソードだけでなく、誰でも日常生活の中で「当たり前」と思う瞬間があるはずです。誰かに何かをしてもらったら、それは「ありがたい」ことです。「当たり前」を「ありがとう」に変えていくことが、すてきな人生を歩むための第一歩なのです。

あなたのルーツに
思いを馳せる

ルーツとはご先祖様のことです。自分のルーツをたどっていくと、何百人、何千人、何万人というご先祖様が存在しており、その大きな流れの最も下流に今の自分がいます。その中の一人でも欠けていたら、今の自分は生まれていないのです。

テレビでも有名人の家族の歴史をさかのぼり、ルーツを探し出す番組が人気を集めており、なかには戦国時代や平安時代ぐらいまでたどって先祖を見つけ出せるケースもあります。予想もしなかった自分のルーツを知って涙ぐむ人もいますし、また先祖に対する感謝の気持ちを口にする人も多いです。

有名人でない一般の人でも、自分のルーツに興味をもち、家系図を作ってみたり、それをさかのぼって先祖に関する歴史を調べてみたりという話を聞くことがあります。もちろん始めようとした動機は興味かもしれませんが、その背景には先祖に対する敬意と感謝の気持ちがあるはずです。

さらにインターネットの情報を調べてみると、「ルーツ探し占い」や「ご先祖占い」、名字から先祖をたどってみるサイトなど、さまざまなルーツに関する情報が見つかります。なかには怪しげなものもあるので注意が必要ですが、自分のルーツに興味をもつ人はたくさんいます。

自分はどこから来てどこへ行くのか、という疑問を、誰しも一度はもったことがあると思います。自分を生み出した命の連鎖を考えていくと、自然とご先祖様に対する感謝の念が湧いてくるものだと思います。そして自分の後ろには膨大な数のご先祖様がいて、そのいちばん前に自分がいるのだと思うと、「しっかり生きなければ」という思いも強くなると思います。数多くのご先祖様の中には、短い人生しか生きられなかった人も多いはずです。ならば今生きている私たちは、命ある限り、その人の分まで生ききることが一つの使命ではないかと思います。

ご先祖様への感謝を示すには、お墓参りや仏壇に線香をあげるなどの方法があります。しかし最近では家に仏壇のない家も多く、またお墓のない家もあります。そういう人たちがご先祖様に感謝する方法として最もいいのは、ご先祖様の名前を呼んであげることだと思います。今、生前のお名前が分かっている方には、そのお名前を口に出して、あるいは心の中で唱えて、「ありがとうございます」と心から感謝の言葉を言うだけでも良いのです。

名前を呼ばれてお礼を言われるとうれしいものです。生きている人間だけでなく、ご先祖様も同じです。名前の分からないご先祖様に対しては、「ご先祖様、ありがとうございます」で良いと思います。

もちろん仏壇のある家であれば、朝晩のお参りだけでなく、折に触れて手を合わせて感謝するのも大切です。お彼岸などに限らず、感謝するといいと思いますし、なにより大切なことは、常にご先祖様の存在を忘れずに、ご先祖様に恥じない生き方をすること、そして常に感謝の気持ちを忘れないことです。

「素直」はいつでも
最強の武器

人から向けられた言葉に対して、「そうじゃない」「そうは思わない」というのは簡単ですが、それを言ってしまえば話がそこで終わり、それ以上詳しい話も聞けなくなってしまいます。

「だからどんなときでも、いったんは『そうですね』と受け入れてみよう」と、私は若いスタッフによく言っています。

それはスタッフの意見を否定するとか、抑えつけて我慢させるとかいうことではありません。いったんは聞いてみることで、「こういう考え方もあるんだな」と思えるかもしれないからです。無視してしまうことは簡単ですが、それによって違った考え方や新たな発見に触れる機会を自ら閉ざしてしまうことになります。

せっかちな人は相手の言葉を最後まで聞かず、その真意を読み取らないうちに「それは違うから」と否定してしまうことがよくあります。例えば友達同士で、相手のことを考えてアドバイスしようとしても、その気持ちがシャットダウンされてしまうのです。こちらは順序立てて話そうとしているのに、最初だけ聞いて、もう違うと決めつけ、肝心なことを聞き入れてくれなくなってしまうのです。そうなると相手のためにアドバイスしようとしても、まったく無駄になってしまいます。

逆に素直な気持ちで相手の言葉に耳を傾けてみた結果、危険を回避できたり、より良い方法で物事に対処できたりというプラス面が表れることも多いのです。人に対して素直な気持ちで接することで、人間関係も仕事も好転していくことが多いと思います。


素直な人は、例えば先生であろうと生徒であろうと、上司であろうと部下であろうと、立場に関係なく好かれます。ただ若い人の場合は経験不足と若さゆえのプライドが邪魔して、素直になれないときもあると思います。でもそういうときこそ、相手の言葉に最後まで耳を傾けて、相手の気持ちを感じ取り、その言葉をいったんは受け入れてみることが大切です。

ちょっと聞いただけなら「違う！」と思っても、もしかすると部分的に肯定できたり、別の視点が開けたりするかもしれません。実際、そういうことはよく経験します。

私自身も、スタッフから提案やアドバイスをされたら、まずは素直に受け入れるようにしています。それを実行してみて、不都合が生じたらまた変えたり、元に戻したりすることもありますが、いったんは「そうだね、やってみよう」と言える柔軟さを持ち続けていたいと常に思っています。

こういった素直な気持ちや心の柔軟性は若い人ほど持ち合わせていると思います。年齢を重ねるほどそれまでの人生経験が邪魔をして、相手の言葉を素直に受け入れられなくなります。私もこういった心の中で動脈硬化のようなことを起こさないように、「素直さ」や「柔軟さ」を忘れないようにしよう、といつも自分自身に言い聞かせています。

すべてのことは
自分に原因があって
起こる

日々、いろいろな人と接して生活していると、必ずもめ事やトラブルが起きてきます。そういうときに、人は「自分は悪くない。相手が○○だから」と、どうしても相手に責任を求めがちです。これは相手に責任転嫁し、自分を守ろうとする無意識な心の動きともいえます。しかし、こういう場合に「原因は自分にある」という視点がもてると、物事が180度逆転して見えるようになります。

例えば仲のいい友達同士がささいな言葉の行き違いでけんかになってしまうことはよくあります。ちょっとしたボタンの掛け違いで、それまで築いてきた関係が一瞬にして崩れてしまうのです。たいていの場合、「あっちが悪い。あんなことを言ったり、あんなことをしたりしたからだ」とお互いに相手のせいにしてしまうものです。

しかしここで視点を逆転させて、「あの人にあんなふうに言わせたのは私だ。私のあの言葉が引き金になったんだ」とか、「私の傲慢な態度が、事態を悪化させたのか」などと考えることができたら、問題を解決する糸口も見えてくるはずです。その気持ちを率直に伝えたら、相手も率直な気持ちを聞かせてくれたり、「私もここが悪かった」と言ってきたりすることもあると思います。さらに相手もまた視点を変えて自分にも非があると思ってくれれば、それこそ簡単に仲直りできるはずです。

四字熟語で、「因果応報」があります。これは物事には必ずその原因があるという意味で、その原因が自分にあると視点を切り替えることで、その後の展開がまったく違ったものになることもあります。たとえ問題となった事実は変わらなくても、その後により良い結果となることが多いのです。もちろん視点の切り替えによってすべての物事が良い結果となるとは限りませんし、こちらが責任を認めてもさらに追及される場合だってあります。ただどんな結果になろうとも、自分が原因だと認識していれば、どのような結果も受け入れられるはずです。それが望まない結果だったとしても、今度はそれが経験として蓄積され、同じ失敗をしないように行動できると思います。

他人を責める「他責」から、自分に責任があると考える「自責」へと、考え方が変わってきたら、実は自分自身も楽になります。なぜなら他人は変えられませんが、自分は変えられるからです。そうすれば「そこに原因があったのなら、次からはこうしよう」と、前向きに建設的に考えることができます。そして、そのことが、自分の成長にもつながっていくのです。

物が欲しいときこそ
心みがきを。
その心に物が集まる

「いい洋服を買いたい」

「おいしい料理が食べたい」

「アクセサリーが欲しい」

などの物欲、つまり「ものを欲しがる気持ち」は誰にでもあるはずです。

「すてきな恋人が欲しい」

「お金持ちの人と結婚したい」

そういった人間関係に関する欲求も、広い意味では「物欲」といえるかもしれません。

物欲を強く感じているときは、欲しい欲しいとガツガツした考え方や態度になりがちです。ところがその心のありようが、実はものや人との縁をかえって遠ざける場合があります。

よくあるのが、恋人が欲しいと思っていろいろと努力をしてもなかなか結果に結びつかないというケースです。メイクやファッションも研究し、ダイエットをし、パーティー参加など出会いのさまざまなチャンスをフル活用しても、どうしても恋人ができないという場合があります。そうなると何とかしようとあがいて、ますますその表面上の努力がエスカレートするものの、結果が出せずに空回りするばかりとなってしまいます。

これは目先の恋人欲しさのあまり最も大切な「心」を見失っている状態です。どうして恋人が欲しいのか、その本来の目的を忘れてしまい、いつの間にか恋人を手に入れるという行為そのものが目的になってしまっているのです。

この状態を脱するためには、「心みがき」に集中することが必要です。いったん、ものを欲しがる気持ちを忘れること、たとえ忘れられなくても心に封印することで、心みがきに専念してみるべきです。

しかし、「心ってどうやってみがくの?」と疑問に思う人が多いと思います。これにはいろいろな方法があると思いますが、私が考える第一の心みがきは「常に相手の立場に立って考えること」、どんな場合でも、「もし自分だったら」と考えながら行動することです。一見、簡単に見えて、これはなかなか難しいことです。しかし、だからこそ心みがきになります。

第二に、人を恨んだり、うらやんだり、妬《ねた》み嫉《そね》みの気持ちをもったり、悪口や愚痴を言ったりしないことです。こういったネガティブな感情は心を曇らせるもので、心みがきの対極にあるものなのです。これもまた言うのは簡単ですが、日々実行するのは大変です。だからこそ心みがきに役立つのです。

目に見えない心と、目に見える物とは、別世界にあるもののようですが、実はつながっています。心みがきに専念するうちに、物や人とのご縁ができ、巡り巡って手に入れられることが多いのです。

作者不詳の名言に「人生八変化」というものがあります。「幸せ八変化」とも呼ばれ、次のようなフレーズです。

自分が変われば相手が変わる
相手が変われば心が変わる

心が変われば言葉が変わる
言葉が変われば態度が変わる
態度が変われば習慣が変わる
習慣が変われば運が変わる
運が変われば人生が変わる

この一連の言葉は「自分が変わる」ことからすべてが変わっていくというのがポイントだと思います。まず自分が変わることが、最終的に好ましい物や人を引き寄せることにつながるのです。

物が欲しいときこそ、また、人とのご縁が欲しいときこそ、欲しがる気持ちを封印して、自分が変わることから始めてみるべきです。きっと思った以上の幸運が舞い込むこともあると思いますよ。

「こうしたらああしてくれるだろう」と見返りを求めない

見返りを求めないというのは、誰かが何かを「やってくれることを当たり前だと思わない」とも関連する言葉です。

「私がこんなにやったのだから、相手は良くしてくれるはず」

「これだけやってあげたのだから、あなたもやってくれるよね」

と、相手に対してしたことへの見返りを求めるのは、いろいろな意味で良くありません。見返りを求める気持ちで付き合っていると、人間関係を破綻させる元になり、決していい形で続いていくことはありません。

そのように相手に代償を求めると、そこから、「なぜやってくれないんだろう」「私はこれだけやってあげたのに」と不平不満や恨みつらみも生まれてきます。それが積み重なっていくと、お互いの関係もギクシャクしてきますし、そうなると今度は相手の言うことや、やることなすことが気に障るようになってしまいます。

するとこちらの不満が相手にも伝わり、今度は相手も不満を膨らませてこちらに返してきます。こうなるともう互いの不満を爆発させた非難の応酬となり、結局は自分自身が苦しい思いをすることになるのです。責められる相手もつらいし、自分自身もつらいし、関係性は壊れるしで、良いことは何もありません。まさに不満の悪い連鎖です。


「こんなに愛しているのだから、同じくらい愛してよ」

「あなたのことを気にかけているのだから、私のことも気にしてほしい」

というのも同じです。若い恋人同士でも、関係が深まっていけばいくほど、つい見返りを求めたくなるときも増えていきます。さらに相手に対する甘えと勝手な思い込みがプラスされるため、場合によっては修復不能な事態となることもあります。

しかしそんなときこそ、「見返りを求めない」という言葉を思い出して軌道修正したいものです。早い段階で気づけばそれだけ早く修復することができるはずです。ただこちらだけが見返りを求めなくても、相手が同じように変わってくれなければ、なかなかすぐには元どおりの関係になるのは難しいかもしれません。それでも時間をかけて接していけば相手も気づいてくれるとは思います。もしそうでなければ残念ながら縁がなかったと思うしかありません。

恋人同士、友達同士、仕事仲間、夫婦に至るまで、人と人が付き合う限りこういった見返りを求める気持ちから生まれるトラブルは必ずついて回ります。そのときには一度立ち止まって、見返りを求めないということを思い返してみることが大切です。

誰かに対して何かをするというのは、すべて自分が勝手にやることであり、相手は関係ないと思っていれば、見返りを求める気持ちを捨て去ることができるはずです。

満足を知らない人は
いつまで経っても不幸

パンクロックバンド、ザ・ブルーハーツの「夢」という曲の歌詞に、「あれも欲しい、これも欲しい、もっと欲しい、もっともっと欲しい」というフレーズがあります。この歌詞のように基本的に人間は欲望の塊で、とどまることを知りません。

ただし、すべての欲が悪いものだとは言い切れません。欲があるからこそ頑張れることもありますし、「こういう人間になりたい」「これを学びたい」という自分を高める欲もあります。そういう欲はとてもいいと思いますが、貪るような欲というのは考えもので、一つ手に入れてももっともっと、どんどんエスカレートしていきます。

例えばお金でも何でも、最初に手にしたときはすごくうれしいのですが、やがてそれが当たり前になって、さらに欲しくなるというのはよくあることです。

こうした心の動きを表すとなると仏教の出番です。仏教の教えの中には「三毒」と呼ばれるものがあります。人間の苦しみのもとである煩悩は、除夜の鐘でよく知られるとおり108種あるとされていますが、その中でも特に強力なのが「三毒」で、根本的な苦しみをもたらす心の毒とされます。

「貪《とん》・瞋《じん》・痴《ち》」というのがその三毒です。

「貪」は「貪欲」のことで、むさぼり欲しがる心のことです。

「瞋」は「瞋恚《しんに》」のことで怒りを指します。単に怒り全体を指すのではなく、自分が正しいと言い張って譲らず、他人を激しく責めるときの怒りを指しています。

「痴」は「愚痴」のことです。ただし、言っても仕方のないことを言って嘆く、いわゆる愚痴とは違います。目先のことにとらわれ、真理を見ることができない状態を指しており、「無知」に近い意味です。

貪るような欲は、三毒の中でも筆頭に挙げられるほど、煩悩中の煩悩なのです。際限のないそうした欲をもっている限り、いつまで経っても満たされることはなく、不幸から抜け出せなくなります。

枯山水ともいわれる美しい石庭で有名な京都の龍安寺には、「知足のつくばい」と呼ばれるものがあります。つくばい（蹲踞）とは、茶室に入る前に手や口をきれいにするための手水鉢のことです。

なぜ「知足のつくばい」と呼ばれるかというと、つくばいの上面に「吾唯足知」と記されているからです。「われ、ただ足ることを知る」と読みます。「私は満ち足りていることだけを知っている」という意味で、禅の教えを表したものとも、中国の哲学者、老子の思想をもとにしたともいわれます。

「吾唯足知」の4文字には、全部「口」の部分があります。水をためるところの四角形の穴を、「口」の字に見立てて、四つの漢字のへんやつくりを上下左右に配し、銭をかたどったデザインになっています。そのアイデアに富んだデザインと、意味するところの奥深さとで広く知られています。

この言葉が意味するとおり、心が満たされる方法は、欲しいものを手に入れることではありません。自分は満たされていると知ることです。

最近は、自分のすてきな生活の様子などを、SNSで配信して多くの人に影響を与える「インフルエンサー」と呼ばれる人たちが、よく話題になっています。

若い人の中には、「あんな生活だったら幸せだろうな」「あんな生活をしたい」「うらやましい」と言う人がいます。しかしその本人は、幸せな家庭をもってしっかりしたパートナーと元気なお子さんに恵まれて、幸せそのものだったりすることが多いのです。これは自分の幸せに気づくことなく、他人の暮らしをうらやむという、ことわざにもある「隣の芝生は青い」という状態だと思います。

豊かな暮らしや充実した人生を送るインフルエンサーの生活を見ることで、「私も頑張ろう」とパワーをもらうのはとてもいいことだと思います。でも憧れるあまりに幸せの根本を見誤らないようにしてほしいと思います。

幸せは自分の心が決めます。自分が満ち足りていることを知るだけで、不幸が去り、幸せがやってくることもあるのです。

迷いや焦りは禁物。
一歩ずつ進みましょう

生きている限り、誰にも迷いや焦りはどうしても起こるものです。

受験や就職、恋愛や結婚、離婚に至るまで、人生はさまざまな選択の連続です。それに直面したとき、誰もが迷ったり、思いどおりにいかないことに焦ったりするのは当たり前のことです。

しかし、むやみやたらに迷って右往左往したり、自分のことしか見えないほど焦ったりするのは良くありません。それは自分自身が消耗するだけでなく、周囲の人までも巻き込んで傷つけることになりかねないからです。

辯天宗の宗祖だった私の祖母は、漢方薬の知識ももっていて、それを活かして製薬会社を作り、今もなお多くの人の役に立っています。ところがその薬で助けられた人も、ひとまず助かったあとは迷いが生じて、「もっと早く助けてくれるところへ行こう」などと、離れていくこともありました。漢方というのは人間の体質そのものに影響を与えて改善を図るもので、実感するまでに時間がかかるのです。

迷いや焦りを取り去って、治療にも一生懸命に取り組むことが大切なのに、どうしても、「あっちの療法、こっちの療法」とフラフラしたり、「早く治してほしいのに」

と不平不満を口にしたりする人がいて、祖母を悲しませました。祖母自身も、「辯天様は悲しまれると思うよ」と言っていました。

最近では「病院の診察に満足がいかず、別の病院へ行っても同じようなことを言われ、また別の病院へ行く」という行動を繰り返すドクターショッピングが問題となっています。〝何かもっと良い治療法があるはずだ〟と、何の根拠もなく思い込んで、自分の思い描いた理想の治療をしてくれる医者を探し求めるというものです。しかし何軒回っても、結局は満足できないままで無駄なお金を使ってしまいます。ただここまで行くと、迷いというよりもある種の病気のようなものかもしれません。

迷いや焦りを、完全に取り除くことは難しいでしょうが、ここぞというときには腰を据えて取り組みたいものです。

プロレスラーだったアントニオ猪木さんの言葉に、「迷わず行けよ。行けば分かるさ」という一節があります。迷っているより、まず一歩踏み出すことが大切です。そこに何があるかは誰にも分からないのですから。

知恵と過去を捨てれば
より良く生きられる

知恵といえば、普通は「良いもの」「しっかりと備えておきたいもの」と考えられています。しかし、ここでいう「知恵」は、固定観念や屁理屈の類を指しています。例えば、何か伝えたいことがあって話をしているときに、「根拠はあるんですか」というような言葉が返ってくることがあります。

もちろん本当にそのことが知りたくて言っている場合もあると思います。しかしこういった言葉は多くの場合、相手の発言を否定して行動を起こすことにブレーキをかけてしまいます。一見、論理的なようでいて、実際はただのいちゃもんだったり、責任回避のためだったりすることも多いのです。

これは若い人ほどよくやりがちで、知識や情報は豊富にもっていても、それをひけらかすことで相手よりも優位になりたいという意識が、こういった行動を引き起こしていきます。ある種の自分を認めさせたいという承認欲求ともいえます。それは自分のプライドを満足させるためだけの、とても安っぽい行為だと思います。

強引な理屈をもち出して相手を論破しようとしたり、言葉尻をとらえて揚げ足を取ったりするのは知恵でも何でもなく、ただの固定観念や屁理屈に過ぎません。本物の知恵は何かを進めること、何かを生み出すことに役立ちますが、こういったニセモノの知恵はただ邪魔になるだけのものなのです。

一方、ここでいう「過去」は、「自分はこれだけ高学歴」とか「僕はお医者さんだった」「学校の校長だった」など、過去の権威などにこだわることを指しています。どちらも本人としては悪いものだとは全然思っていないのですが、実はこれが本人の成長を邪魔することになっています。これまでの悪い部分を改善して、より良い生き方を求めていこうというときに、その固定観念やプライドなどが妨げになることが多いのです。

男女差別といわれるかもしれませんが、こういったケースは比較的男性に多いようです。なかには、「俺は中尉だったんだ」と、戦時中のことをもち出す利用者さんもいます。日本のために働いてくださったことには敬意を表しますが、困るのは、スタッフに対して「だから、俺のいうことを聞け」などと言ってくることです。

私はそんなとき、多少、けんか腰になってでも「職員は部下や家来ではありません」などと言って分かってもらおうとします。当たり前の話ですが、私の立場としては、とにかくスタッフを守らなければならないからです。またスタッフにも、「いざとなったらけんかになっても仕方ない。そういうのは必要なけんかだから」と言ってあります。

ところがスタッフの中には心得た人がいて、「中尉！」と呼んで、うまく付き合いながらお世話をしています。ピシッと敬礼して、「かしこまりました！」と言いながら、「では、これから食事に行きます」などというと、「おう、そうか、じゃあ行くか」といつになくスムーズにやりとりできていて、これには私も感心しました。

スタッフの機転に助けられたそんなエピソードもあるのですが、全般的に過去の権威にこだわる人は、心ない言動でスタッフを困らせたり精神的に傷つけたりすることが多く、対処に苦労することがあります。介護施設の利用者さんに限らず、過去の権威にこだわるのは、ご自分のためにもいいこととはいえないと思います。

大きな会社で高い地位だった人が、定年退職後に肩書きのない生活になったとき、「元○○株式会社○○部部長」などと、現役時代の肩書きを印刷した名刺を作って人に渡し、辟易されることも少なくないようです。

肩書きのない自分が不安なのでしょうが、せっかく踏み出した第二の人生、むしろ肩書きのない自由な生活を謳歌《おうか》すればいいのにと思ってしまいます。現役を退いたら、過去の栄光にすがったり、ひけらかしたりするのはやめて、まっさらなところから人間関係をつくっていきたいものです。そのほうが、ずっと楽しく充実した第二の人生を送れると思います。

もっともこれは若い人にも見られることで、例えば一流大学卒ということや、いろいろな資格をもっていること、さらには海外留学経験など、少し前の経歴をふりかざすこともありがちです。こういう人は残念なことに過去にとらわれることで、本当の自分の価値を見失っていると思います。

老いも若きも、ニセモノの知恵と過ぎ去った過去の栄光を捨て去ることで、新しい自分、新しい生き方を見つけていってほしいと思います。

分かろうとしない人も
やがて分かるときがくる

分からないことを「分からない」と認めるのは、もちろん悪いことではありません。物事を理解する道は、分からないことを明確にするところから道は拓けていくのです。ですから分からないことを自覚して、それを人に伝えることは重要です。

しかし、そういうケースとは別に、なかには「決して分かろうとしない」人もいるものです。どんなに人から親身になってアドバイスされても、どうしても素直に受け取れない人です。

特に、人の心を傷つける行為をしておいて、それを指摘しても「分からない」という場合は、なかなか厄介だと思います。心を込めて話しても聞き入れられないときは、こちらの心が折れそうになる場合もあります。

しかし、そういう人も、やがて何かの形で「分からされる」ときがきます。ちょっと怖い言い方かもしれませんが、世の中の一つの法則といってもいいでしょう。

他人に対して行ったことは必ず自分に返ってきます。それは良いことも悪いこともです。

恋人がいる若い男性が別の女性と浮気して、それが恋人にバレると開き直って相手を罵倒し、結局別れてしまったとします。その後、浮気相手と付き合うものの、今度はその相手に浮気されて、大げんかの末に別れてしまう、ということもよくあります。これは自分がその身になってみて、はじめて相手のつらさ、苦しさを分からされる、ということです。

自分の過ちは、何かのきっかけで自分から気づくこともあれば、何か突発的なことが起きて分かる場合もあります。相手を傷つけるような行為をすれば、どういう形であれ、必ず手ひどい罰が下されるはずです。

傷つけられた側としては、相手にそのことを分かってほしいと思うあまり、報復したいと考えるかもしれませんが、自分で手を下す必要はないのです。

最初から諦めないで。
やろうと思う気持ち
からすべてが始まる

「たぶん、ダメだと思います。もう諦めます」

そんな言葉を、30代の男性スタッフから聞いたことがありました。介護関係の国家試験を何回も受け、そのたびに落ちてきたスタッフです。

9年間かけて、9回試験を受け続けてきた彼は、「もう来年の国家試験はやめさせてください」と言いにきました。後輩がどんどん受かっていく中で、自分だけがチャレンジし続けていることに耐えられなくなったようでした。

「いやいやいや、諦めたらそれで終わりやろ」という私の言葉にも彼はうつむいたままです。

「あなたは9年間ずっと勉強を続けてきてるんだから、そのことがすごい。それができることがすばらしいと思うよ」

私は彼に語りかけました。彼の気持ちもよく分かりますが、絶対に諦めてほしくなかったので、一生懸命励ましました。

「きっとその努力が報われる日が来るから頑張って。諦めずに受け続けて。勉強を続けていることに誇りをもってね」

説得ではなく、私の心からの想いを彼に伝えました。やがて顔を上げた彼は、どうにか聞き入れてくれて、チャレンジを続行することになりました。

そして翌年――10年目、10回目の受験で見事に受かりました!

「諦めなくてよかったね」と声をかけると、彼も最高の笑顔を見せながら、「はい!」と答えてくれました。

その後の彼は、資格をとったことで役職に就くことができ、リーダーにもなれました。今では利用者さんやスタッフにも気配りのできる、あらゆる面で行き届いたリーダーシップを発揮してくれています。

彼がチャレンジした9年間は、いろいろな意味で無駄ではありませんでした。勉強し続けて、誰よりも介護の仕事への理解が進んだということ以外にも、試験を受ける後輩に対してアドバイスができるからです。

自分が何度も経験したことなので、きめ細かいところまで分かっていて、リーダーとして有益なアドバイスができます。かつての自分と同じように、「もうダメだ。諦める」という後輩には、「諦めないで頑張って」と私が彼に言ったように励ましています。

諦めない気持ちや励ましの言葉がこうして受け継がれていくのは、すばらしいことだと思いながら、うれしい気持ちで見守っています。

諦めるという字は、普通の日本語ではギブアップという意味ですが、実は仏教では違う意味をもっています。仏教では、「諦《たい》」は真実を意味する言葉です。仏教でいう「諦める」は、実は「明らめる」の意味で、「事実を明らかに見ること」「ありのままの現実を観察すること」を指しています。今の自分がどんな状況に置かれているかを、冷静に明らかに見ることとは、諦めないためにも大切です。

9回の受験にチャレンジしたスタッフのように、人生の中で大切なことであるほど、「諦めないで明らめる」ことが重要になってきます。真実を明らかに見る目を持ちつつ、決して諦めない粘り強さをもって物事に取り組みましょう。

どんなことにも
意味がある。
あなたへのメッセージ

「虫の知らせ」「胸騒ぎ」などという言葉があります。これまでに、何度かそんな経験をしたという人もいるのではないでしょうか。実は、一見、無関係に見える物事がつながっていて、予兆の役目をしていたり、良いことや悪いことの「メッセージ」だったり、といったことは多いのです。

私自身も何度か経験しました。もっとも、多くはそのときには分からず、あとになって、あれが「メッセージ」だったのかと気づくのです。

あとから気づくのでは意味がないといわれるかもしれませんが、そんなことはありません。あとからでもメッセージに気づくことで、大きな力を感じられますし、自分は勝手に生きているのではなく、生かされているのだということを再認識できます。また、もしも事前にメッセージに気がつけたら、それを踏まえてどう自分が行動するのか、どう解決していけるのかを考えるヒントにできます。

私が、あとから「ああ、あれはメッセージだったんだ」と気づいた最も大きなことは、夫の病気に関してでした。

私たちは、毎年12月31日の夜には除夜詣に行く習慣があり、このときも家族で出かけました。夫は体格のいい人で、若い頃からバレーボールをやっていて運動神経もよかったのですが、除夜詣の帰り道に、何にもないところでスパーンと転倒したのです。それまでにはなかった経験だったので、ビックリしました。「パパ、どうしてこけたの？」と聞くと「僕も分からない」と言って不思議がっていました。

さらに年が明けて施設で利用者さんとともにお正月のお餅をつくとき、あってはならないことですが、ちょっとした事故が起きました。餅つきの合いの手（お餅をひっくり返す役）をしていた利用者さんの頭部に、杵《きね》がかすめるように当たってケガをし、お餅に少量の血が入ってしまったのです。

急いで利用者さんの手当てをすませてから、杵を洗ってお餅を新しく入れ替え、改めてつき直しましたが、縁起を担ぐ利用者さんからは「血が入るなんて縁起が悪い」と言われてしまいました。

夫はその後、がんが見つかりました。急激に悪化した結果、5月3日に亡くなりました。今思えば、大晦日に転倒したのはこのことの「メッセージ」だったのでしょう。また餅つきの一件も、今思うとメッセージだったのではないかと思っています。

事前に気づけなかったのは残念ですが、このときからメッセージや予兆があったことを、あとからでも気づけたのはよかったと思います。

また私の知人には、メッセージによって大きな難を逃れた人もいます。

1985年に起きた日本航空123便墜落事故のとき、その人はこの便に乗る予定でしたが、「何となく、すごく気が重い」というのでやめて、次の便にしたそうです。事故のニュースを聞いたとき、私はその人が搭乗しているのではないかと真っ青になりましたが、無事だと分かって安堵しました。

「何となく気が乗らない」「行きたくない」と思ったときは、自分のその直感を信じて、可能な限り出かけるのをやめたり、変更したりするのが良いと、改めて思いました。

日頃から気をつけていれば、このようなメッセージに気づく場合もあります。気にし過ぎる必要はありませんが、直感は大切にしたいですね。

永く続くこと、
永く続けることが尊い

「継続は力なり」「雨だれ石を穿《うが》つ」「千里の道も一歩から」、これらはみな、地道な努力を続けることで、目標を達成したり成功を手にしたりできるということわざです。何でも始めてすぐにやめてしまうのではなく、正しいと信じることを、一生懸命にコツコツと継続していくことが尊いということを示しています。

私も「思い続け、やり続けて良かった」と思うことがあります。それは、施設で利用者さんに入っていただくお風呂のことです。多くの介護施設でそうであるように、私たちの施設でもお風呂はリフト浴や機械浴を用いていました。利用者さんに横たわっていただいた状態で、お湯につかるタイプのお風呂です。

しかし私は、これまでの自分の入浴体験などから、個人浴槽（個浴）を取り入れたいという強い希望をもっていました。

機械浴の場合、介助側は楽に作業できますし、一般的には利用者さんも安心・安全とされています。しかし私は自分が機械浴を体験したときに、ベルトで体を固定していても浮力で浮くので、不安定になって意外と怖いこと、抜け出しそうになって実は危険もあることを知りました。そして無駄に広い脱衣場と浴槽。冬の寒い日はもうお風呂は楽しみではなく苦痛となってしまいます。

それを体験してから、それまで利用者さんには怖くて寒い思いをさせていたという、後悔の念でいっぱいになりました。そして後悔だけで終わらせず、それを活かして変えていきたいと考え、個浴の導入を検討し始めました。

なにより、可能な限り普通の家のお風呂のような個浴を、利用者さんに楽しんでほしいという思いが捨てられなかったのです。

私たちの施設を終《つい》の棲家《すみか》として選んでくれた利用者さんに、おいしいご飯を食べることと、ゆっくり暖かい場所で眠れることに加え、ゆったりお風呂に入ることを提供したい。この3つが、基本的な幸せのベースにあるものだと考えていたので、個浴の導入はぜひ実現したかったのです。

個浴を実施している施設はほとんどなく、私は会う人ごとに「個浴をやりたい」「やっている施設を知りませんか」などと聞いて回りました。すると、現在、私たちの施設が導入している形の個浴を勧めてくださる先生と巡り会えたのです。諦めずに、継続して探し続けて本当に良かったと思いました。もしも途中でやめていたら、私はいずれどこかの時点でひどく後悔したと思います。

私が個浴を提案したとき、スタッフやいろいろな人から強く反対されました。それは個浴にした場合、溺死の危険性が高まるというのが大きな理由です。しかし、しっかり技術を習得して取り組めば、むしろ目を離してしまう可能性のある機械浴より、安全だと私は確信していました。

また個浴の設備は家庭用のお風呂とほとんど同じですが、周囲のどこからでもスタッフが介助できるように、周りを空けて自由に動けるようにする必要があります。それに伴ってスタッフの作業も負担も増えることになります。

スタッフとは、何回も話し合いを重ねました。その傍ら、私の考えに賛同してくれる職員と一緒に、実際に個浴を学びに行き、私がモデルになって個浴を体験し、その情報をほかのスタッフにも共有しました。

それらを行いながら根気よく説得したところ、ようやくスタッフの理解を得ることができました。そして実際に始めてみたところ、予想以上に多くのメリットも発見できました。

個浴に入れることで利用者さんから目を離さずに体を洗うので、体の状態の観察も十分にできます。また利用者さんには、普通の体勢でゆっくり入っていただけるので、リラックスできると好評です。

一般浴槽の大きなお風呂も作っていますが、こちらはお友達同士で、楽しくおしゃべりしながら入ることができます。

今では若いスタッフが他施設で機械浴の設備を見ると「あれ、何ですか」というくらい、私たちの施設では個浴が普通になっています。事故やその手前の危ない状況などは、一度も起きていません。いろいろな苦労をしましたが、諦めることなく思い続けて本当に良かったと思っています。

自分らしい生き方に誇りをもつ

自分の心のよりどころとなる軸や核をもたず、誰かに何か言われると、コロッと変わってしまう人がいます。そういう人たちには、親から、友達から、先生から、別の誰かに言われたから、ではなく、自分をしっかり見つめて、自分に誇りをもてる生き方をしてほしいと思います。

年齢に関係なく、そういうタイプの人はいます。ある意味では、根底にやさしさがあって、人のいうことに影響されやすいともいえます。しかしそういう人がリーダーになってしまうと、物事の内容ではなく、少し強めに言われるとついそちらに従ってしまうので、いろいろな意見が飛び交い、収拾がつかなくなってきます。そうなると押しが強く声の大きい人の意見ばかりが通り、静かにしている人の意見はないがしろにされるので、グループ内には不満を抱く人も出てきます。

自分の軸がもてずに迷走してしまう人は、一見、自分よりも他人を大事にしているように見えます。しかし本当は、自分を大事にできない人は他人も大事にできません。誰かの意見を目安にせず、自分なりの物差しをもっていないと、人を大事にするどころか、次々に人を裏切ることになります。自分らしい生き方に誇りをもち、例えばある人から非難されても、「いや、私はこれで行く」というものがあれば、自分も人も裏切ることなく、筋道のとおった生き方ができます。社会学者の加藤諦三さんの著書『無理しない練習』（三笠書房刊）には、次のような一節があります。

人に気に入られることを心の支えにしてきた人は、「好きなことをしてもいいよ」とか「好きなようにしていいよ」とか言われると、どうしていいか分からなくなる。そう言われると、道に迷ったような心細さを味わう。好きなようにしようとしても、何か心許ない。

このように「自分の好きなことを、好きなようにする」ということが、心細くてできなくなっている人がいる。

そこで、人間関係において、まず相手の意志を聞く。そしてその意志に従おうとする。自分の意志ではなく、相手の意志に従っていたほうが、安心するのである。

「この考え方は、小さい頃の自分の周囲の人との関係でできたイメージ」だと加藤さんは述べています。小さい頃から、自分の感情を抑えて相手（周囲の大人）に尽くすことで喜ばれてきた体験が影響しているというのです。だとすると、自分らしさや自分の物差しをもつには、一定の訓練が必要かもしれません。

そういう人が「自分」をもつために、私たちの施設で導入しているのがリーダーの1分間スピーチです。日本では、ハッキリと自分の意見を述べることが悪いように思われがちですが、決してそんなことはありません。あえて時間を作ってスピーチをしてもらうことで、その人自身の心の軸づくりができてきます。スピーチでは、今の気持ちや仕事上でやりたいこと、今日できたこと、反省点などを自由に語ってもらいます。1分間なら気楽に語れ、かつ、意外とまとまった話ができます。短時間でも自分を見つめて、自分自身の言葉で語ることに大きな意味があり、誇りをもつことにつながります。

必ずしもスピーチという形でなくても、こういったことを自分で書き出してみるのも良いと思います。自分は軸がもてずにフラフラしていると感じたら、やってみてください。

お金を大切にする人に
お金は集まる

お金や物をむやみに欲しがることと、大切にすることとはまったく違います。お金や物は、思いのない無機質なものだと思われていますが、実はそれぞれの思いがあると、私は思っています。ですから、自分を大事にしてくれる人のところに人間が集まるのと同じで、お金や物も、自分たちを大切にしてくれる人のところに集まるのではないでしょうか。

もともと日本では、「八百万《やおよろず》の神様」といって、風にも山にも川にも、森羅万象に数多くの神様が宿るという独特の考え方があります。

一滴の水に対しても神様が宿るという考え方ですから、お金や物にも神様が宿っていることになります。そう考えて、お金や物を大切にしたいものです。

最近は地球環境の保全や持続可能な社会の実現、ＳＤＧｓといったような考え方も広がり、物を大切にしようという人たちも増えてきています。リサイクルショップやフリーマーケットで中古品でも良いものを見つけられたり、長年探していた古書と出会えたりすることもあります。物を大切にすることで、本当に必要なもの、自分にとって価値あるものが集まることもあるのです。

お金を大切にするとは、ただ貯め込むということではなく、大切に有意義に使うということでもあります。自分を高めるために、あるいは人のために、お金を活かす使い方をすれば、また集まってくるはずです。「金は天下の回りもの」という言葉があります。

これは金銭は一つの場所にとどまっているものではなく、今持っている者もいつか失ったり、今持っていない者もいつか手に入れたりする、という意味のことわざです。また、「生き金」「死に金」という言葉もあります。生き金は、使うことで新たな価値を生み出すお金という意味ですが、人のために使うお金という意味合いもあります。死に金はその逆で、単なる浪費やギャンブルなどに費やしてしまう無駄な出費のことです。生き金として使えばお金はまた回ってきてくれますが、死に金となればただ出ていくばかりで戻ってきてはくれません。

欧米では、「富めるものは、より人のために使いなさい」という考え方が強くあります。「noblesse oblige（ノブレス・オブリージュ）」という考え方です。日本でも、たとえ富んでいない人でも、わずかでもよいから、できる範囲で人のために使うことで、お金や物が循環して、自分のところにもまたやってくるでしょう。

じっとしていては
自分も人も救えない

良いことをしようとするとき、頭で考えているだけだったり、口に出して言ったりするだけでは、まったく意味がありません。思っていても行動に移さなければ、やったことにはならないのです。

亡くなった夫は私と結婚するまでは子どもはいませんでした。そのため、もし自分が家庭をもっていたら……という気持ちを込めて、発展途上国の子どもたちを中心に援助活動を行うNGO「フォスター・プラン」（現プラン・インターナショナル）を通じて、アフリカの子どもたちに毎月ずっと寄付をしていました。

私と結婚してからは、自分と血のつながっていない3人の娘たちを心からかわいがってくれました。あるとき、彼は穏やかな笑みを浮かべながらこう言いました。

「僕はそんなつもりでやっていたわけではないけど、もしかすると寄付へのお返しで、3人の子どもを授けてもらったんじゃないかな」

その言葉に、私は心から感動してしまいました。見返りを求めずに誰かのためにしたことが、やがて自分のところに返ってくる、そんな考え方をもてるこの人と出会えて、私も娘たちも幸せだと思えました。

夫が寄付を続けているのを見て、私も何かさせていただこうと、世界中で医療・人道援助活動を行う「国境なき医師団」と、世界の子どもたちへの募金活動を行っている「国連児童基金（ＵＮＩＣＥＦ）」に、毎月、寄付をするようになりました。もちろん今も続けています。

私の敬愛するＸ ＪＡＰＡＮのＹＯＳＨＩＫＩさんは、２０１０年に「ヨシキ・ファンデーション・アメリカ（Yoshiki Foundation America）」という基金を設立し、遺児の保護や難病を抱えた子どもの救済などを主目的に支援を続けています。

彼はイベントなどの収益を寄付したり、ディナーショーなどでオークションを行って、そのお金を自らの基金から寄付したりしています。自分の大事なものも、どんどんオークションにかけて基金に入れ、収支も明らかにしており、彼の姿勢に頭が下がります。

ＹＯＳＨＩＫＩさんは、幼くして父を亡くした経験から、特に遺児救済に関わる活動に積極的です。こういう活動を知り、彼自身の声を聞くと、本当に「行動しなければ、自分も人も救えない」という事実に改めて目を開かされる思いです。

自分はあまりお金をもっていないからと思う人もいるかもしれませんが、金額の問題ではありません。どんな寄付団体も少額から受け付けていますし、無理なく自分のできる範囲でやればいいと思います。やれることは寄付だけではありません。世の中にはいろいろなボランティア活動があり、公共の場をお掃除するだけでも立派な人助けです。

私たちは、宗教とは関係なく、辯天宗の本部を行事などに使わせてもらうことが多いので、そこのお掃除を継続的に行っています。私と有志のスタッフ、それに参加を希望される利用者さんも一緒に行って掃除するのです。これを「まこと行（ぎょう）」と名づけて実践しています。

「行」といっても特別なことをするわけではなく、ひたすらお掃除するだけなのですが、自分の心の中まできれいになる感覚があってすがすがしいのです。参加したスタッフや利用者さんからも、「参加してよかった」という声がよく聞かれます。

ほかにも、地域のお祭りなどがあると、私たちの施設のスタッフは受付などの作業に手慣れていてスムーズにこなせるため、主催者から頼まれることが多いのです。いろいろな形で行事や大会のお手伝いなど、私たちにできることは何でもやっています。

良いことは行動してはじめて良いことになると同時に、YOSHIKIさんもおっしゃるとおり、人のためにやることは、同時に自分のためでもあることを実感します。どうぞあなたも、身近なできることから、ボランティアをやってみてください。

感謝は言葉で伝えて
はじめて感謝になる

感謝の気持ちは大切です。しかし、心の中で感謝の気持ちをもっているだけでは、意味がありません。口に出して伝えて、はじめて感謝になるのです。

日本人はよく「言葉にしなくても分かるだろう」などと考えがちですが、これは「察する」や「空気を読む」ことを求める日本の国民性の良くないところだと、常々思っています。

そもそも自分の気持ちを言葉にしなくて相手に分かるわけがありません。もちろん、態度や雰囲気で伝わる部分もあるでしょうが、言葉に出してハッキリ言うことが大事です。恋人や夫婦、親子やきょうだい、会社の同僚や上司・部下など、どんな関係であれ、「ありがとう」という感謝の気持ちで接したら、人間関係が良くなることは間違いありません。

もちろんいろいろな関係性があるので、相手に対して不満や文句を言わないことが、必ずしも良いこととはいえませんが、まず文句……ではなくまず感謝、それも「ありがとう」と口に出すことが、やはり重要です。これまでやってなかった人はぜひ実行しましょう。ただ、なかには「ありがとう」という言葉を、なかなか口にできない人もいるようです。加藤諦三さんも『無理しない練習』(三笠書房刊)にて述べています。

なかなか「ありがとう」とか「ごめんなさい」とか言えない人は、自分の心の底に憎しみがある。そう言えない人は、自分には憎しみがあるのではないかと、一度心の底を見つめてみることである。

どうしても「ありがとう」とか「ごめんなさい」とかいう気持ちになれないで、「すいません」ばかりになってしまう人がいる。そういう人は、心の底の無意識の領域にある憎しみを意識の上にのせない限り、なかなかコミュニケーションができるような人にはなれない。

何かがうまくいったのは、相手と自分との関係でうまくいったのである。だから、うまくいったときには感謝をすることである。

つまり、心の底に憎しみがあるから、「ありがとう」と口にすることが難しい人たちがいるというのです。加藤さんによると、心の底に憎しみがあるのは、幼少期に愛情に恵まれなかったことの影響が大きいそうです。

確かに、「ありがとう」というのがふさわしいシーンで、なぜか「すいません」といってしまう人がいます。そのことに気づいたら、自分の幼少期を振り返ってみてもいいのかもしれません。

とはいえ、この場合、過去は変えられませんし、その人自身のせいでもありません。そんな場合こそ、折に触れて、「ありがとう」と口に出して言う練習をすると良いのではないでしょうか。

もちろん口に出すだけでなく、感謝の気持ちを態度や行動に表すことも大切です。同じ「ありがとう」という言葉でも、言い方や表情によって、意味や伝わるものが違ってきます。人に感謝を伝えるときには、しっかりとその気持ちを込めた態度や表情で伝えたいものです。さらに、何かをしてもらったら、「次は私が……」という気持ちを忘れずに、機会があれば行動でお返しをすることも大切です。

不幸を生む言葉は口にしないこと

「口は災いの元」とよくいわれます。口は、良いことも言えますが、つい悪いことも言ってしまいます。

毎日忙しく暮らしていく中で、誰もがつい悪口や陰口、恨みや嫉妬、人をおとしめる言葉などを、つい口にしがちです。さらに、そういう言葉を口にしている人に対して、ともすれば「そうだ、そうだ」と煽《あお》る言葉を言ってしまうことも少なくありません。

しかし、「言霊《ことだま》」（言葉に宿る霊力）という言葉があるように、言葉は大きな力を持っています。万葉集の時代から、口にした言葉の内容が現実になる、ということが言い伝えられています。ですから軽く考えずに、大切に使わなければいけません。

ネガティブな言葉ではなく、「頑張ってね」「あなたならできるよ、大丈夫」といった人を励ます言葉、「うれしかったよ」「ありがとう」といった感謝や気持ちを伝える言葉、「体を大切に」「よく休んでね」といったいたわりの言葉など、人の心を温かくさせるプラス思考の言葉を使いたいものです。

その言葉は、かけられた人だけでなく、自分自身の心も温めてくれるでしょう。温かい言葉をかけられた人は、温かい言葉を発し、いい意味での言葉の連鎖が生まれるでしょう。

とはいえ、人間ですから、ときにはネガティブな言葉を投げかけてしまうこともあります。言葉の応酬を交わす中で、ついののしったり、怒鳴ったりしてしまうこともあるでしょう。私にもそんな経験があります。

しかしありがたいことに、人間には「謝る言葉」もあります。興奮して強い言葉を投げつけてしまったあとで、謝るのは気まずく、勇気が要りますが、思い切って謝りましょう。私もそんなときは、できるだけタイミングを逃さず謝るようにしています。

「あのときはきつい言葉をいってごめんね」

「傷つけたね。ごめんなさい。許してね」

そんなふうに謝って、快く許してもらえたら、自分自身の気持ちもパッと晴れやかになります。

私たちの施設では、利用者さんとは家族同士だと思っているので、親しみを込めて話すことがよくあります。けれども、家族だからこそ、踏み込み過ぎて傷つけたりしないように気を配っています。でもこれは本当の家族も同じだと思います。家族だから許されるという甘えはもたないようにして、家族は「励まして苦楽をともにするもの」と考えたいものです。

リハビリをしているときなどは、「今日、またできなかったね」とは言わずに、「今日はここまでできたね」とか、「今日はこれできなかったけど、明日できるよ。頑張ろうね」といった励ましの言葉を口にするようにしています。

利用者さんの認知症テストの点数にしても、以前は点数が上がることにとらわれていたときもあったのですが、今は何もしなければ落ちていく点数を、「現状維持しているだけでもすばらしい」という観点で励ましています。もし点数が下がっても、頑張って努力されていることに着目して「すごく頑張っていますね」と声かけをしています。

「口は災いの元」なのは事実ですが、よく考えて言葉を選べば「口は幸運の元」にもできるのです。言葉には、人を傷つけるのと同じくらい、癒やす力もあるのです。人に声かけをしながら、自分も癒やされて元気になる言葉を使いましょう。

人に尽くし、施すことで
人は幸せになる

ちょっと考えると、人に尽くしたり、施したりするのでは損をするばかり……と思いがちです。しかし、尽くし、施した分は、やがて回り回って自分に返ってきます。結局は得をすることになるのです。

得という言葉に違和感があるなら、「巡り巡って幸せがくる」とか、「自分も癒やされていく」と表現してもいいかもしれません。

「自分より人を優先することが、自分を幸せにする」という言葉もあります。

介護の現場では、「人に尽くす」ことや「自分より人を優先する」ことの連続です。それはもちろん、得をしたいからやっているわけではありません。そういう職業だからといってしまえばそれまでですが、ほとんどの人は、人の役に立ちたいという気持ちが基盤にあってやっています。

その気持ちが本当に尊いと、私はいつも思っています。

ただ間違えてはいけないのは、「尽くす」というのは自分を犠牲にして相手に奉仕する、という意味では決してないということです。相手のために何かをする、相手を大事にする、そのことと同じように自分自身を大事にすることが必要です。自分を大事にできない人に相手を大事にすることはできないのです。

また、「施す」という言葉も間違った意味で使われがちです。「施す」ということは上の立場の人間が、下の立場の人間に何かしてあげるというイメージが強いと思います。しかし、そうした上から目線ではなく、同じ目の高さで周囲のことを考える、しかも隅々まで客観的に見通すことのできるような、心の広い立場の人が「分かち合う」というのが本来の意味だと私は思います。

ですから、「尽くす」「尽くされる」、「施す」「施される」というその場その場での立場の違いがあっても、根本的には対等な人間同士として接することが重要です。介護の現場であれ、それ以外の人間関係でも同じです。その点は忘れないようにしながら、人に尽くしていきましょう。

日々の中で少しずつ
心がけていくことこそ
大きな価値がある

私たちは何かの記念日や節目のときに、イベントやお祝いをします。もちろんそれも大切ですてきなことです。しかし、本当に大切なのは、日々の暮らしの中で少しずつ愛情や感謝を心がけていくことです。

例えば、結婚記念日だけにどんなに熱く愛の言葉をささやいても、ほかの日におざなりな態度だったら、気持ちは冷めてしまうでしょう。親の長寿の記念日に豪華な贈り物をしてお祝いを述べても、普段のほかの日に敬う態度が少しも見られなかったら、お祝いの意味がありません。また日々の積み重ねが重要というのは、私たちの気持ち、考え、行動など、すべてにいえることです。

貧困や病に苦しむ人々の救済に生涯をささげ、ノーベル平和賞を受賞したマザー・テレサは、私が最も尊敬する人の一人です。『マザー・テレサ　愛と祈りのことば』（ＰＨＰ研究所刊）には彼女の日々の心がけの大切さを表す次のような言葉があります。

思考に気をつけなさい。それはいつか言葉になるから。

言葉に気をつけなさい。それはいつか行動になるから。
行動に気をつけなさい。それはいつか習慣になるから。
習慣に気をつけなさい。それはいつか性格になるから。
性格に気をつけなさい。それはいつか運命になるから。

私たちは、「思うだけなら自由」などと考えて、つい人への恨みや憎しみ、責める気持ちなどを心に抱きがちですが、その積み重ねは、いつか言葉になって外に出ると、マザー・テレサは言います。さらに、その言葉がいつか行動になり、行動が習慣になり、習慣が運命を形作っていくと言っています。

それは日々の積み重ねが、運命にまでつながっていくということです。思考を前向きに変えることで、やがて運命をよりよくできるというようにもとらえられます。つまり日々の積み重ねが自分をつくり、運命をつくっていくというわけです。

「運が悪い」などというとき、そこにたいてい、「自分は悪くないのに結果が伴わないのは、運の巡り合わせがたまたま良くないせいだ、ついていない」という思いが込められていると思いますが、実はその根っこをたどると、自分の思考がそうした運を招いている可能性もあるのです。
「あの人が悪い」「できない」「分からない」「つらい」といったネガティブな思考はなるべく避け、「できる」「やるぞ」「頑張ろう」「楽しい」といった前向きな思考を、日々、心がけていきたいものです。

健康管理や体重管理などについても、日々の積み重ねが重要で、それこそが効果を発揮するのです。つい値段の高い健康食品やヘルシーグッズで、一気に健康になれそうな錯覚に陥りがちですが、特別なことより、規則正しい生活やバランスのとれた食生活など、毎日、着実に一歩ずつの心がけを大切にしましょう。

種をまかないと
何も生えてこない。
良い種まきをする

私はこれまで3人の娘を育ててきました。亡くなった夫は私によく「万規子さんは種まきをしているからね」と私に言ってくれていました。そして夫と一緒になってからは、二人で子育てという種まきをしてきました。

子育てだけではなく、人生は種まきの連続です。

種をまくのは非常に手間がかかります。土を耕して種をまいて、まきっぱなしでは大きくならないので、こまめに世話をしなければなりません。しかし、種をまいておかないとつながっていかないので、どれほど手間がかかっても、どんなに大変でも、まき続ける必要があります。

良い種まきというのは、「丈夫に育ってほしい」「いい花が咲いてほしい」という思いを込めて行うことがポイントになります。社会のいろいろな物事や人との関係、仕事で後継者を育てることなど、どれもみんな一種の種まきですから、根気よくいい種をまいていかなければなりません。

そして、実は自分にもいい種をまくことが大事です。

「大人になった自分に種まき?」と疑問に思う人もいるかもしれませんが、大人でも自分への種まきは大切です。自分に対して種まきする気持ちがなければ、人に対する良い種まきもできないのではないでしょうか。

自分に対する種まきにもいろいろな形があっていいと思いますが、例えば何かの勉強もその一つです。本を読むとか、誰かの話を聴きにいくとか、講演会やセミナーに出席するなど、さまざまな勉強法があります。

私は機会を見つけて、ジャンルを問わずに、できるだけ多くの人のお話を聴きにいきたいと思っています。それは自分の種まきになるからです。つい最近もそんな機会がありました。

政治評論家で、明治天皇の玄孫《やしゃご》（孫の孫）としても知られる竹田恒泰さんの講演会を聴きに行ったときのことです。古事記の解釈についての講演会でしたが、それがすばらしく面白くて、時間を忘れて聴き入りました。そのおかげで、これまでどちらかというと敬遠していた古事記に対して、むくむくと興味が湧いてきました。さらに講演に感銘を受けた私は、急遽、出雲大社へ日本人のルーツをたどりに行くことにしたのです。

こんなふうに、一つアクションを起こすと次の種まきにつながっていくんだなあ、と私自身も実感しています。それでこの話を、施設の会議でもしてみました。

もちろん自分が興味をもったからと、スタッフやほかの人に強引に勧めたりはしませんが、「こんな面白いものに出会ったよ」と話して共有することは、一つの情報になり、かつ刺激にもなるので発信したほうがいいと思っています。

刺激を受けて、スタッフがまた別の何かに興味をもって始めたら、私もそれを教えてほしいと思います。そんなふうにいい循環をつくりながら、お互いに種まきをしていけたら最高ではないでしょうか。

勉強に限らず、何かの活動や趣味、運動など、どんなものでも種まきはできます。楽しみながら、自分の成長に役立てていきましょう。

良いことをしても、
悪いことをしたら台無し

これまですばらしい人気アーティストを数多く世に送り出した芸能事務所で、実は昔から問題があったことが明らかになりました。所属するアーティストたちには本当に多くのファンがいて、たくさんの社会貢献もしてきた事務所だと思うので、残念でたまらないという人も多いと思います。良いことをしても、悪いことをしたら台無しとは、まさにこういうことではないでしょうか。

このニュースは、たとえ小さなことであっても、自分自身もそういうことをしていないだろうかと、振り返るきっかけになりました。良いことを積み重ねてきても、一度悪いことに手を染めたら、一瞬でそれまでの良いことは消えてなくなります。そのくらい悪行は恐ろしいものです。

介護の現場では、少しでも虐待をしたら、それまでどんなにすばらしい仕事をした人でも、評価はゼロどころかマイナスになり、もはやそれ以上働いてもらうことはできません。虐待に限らず、仕事上のストレスが強過ぎるなどの原因で、何かの問題を起こしたときも同様です。

介護施設の従業員による高齢者への虐待は、約半数が身体的虐待で、次いで心理的虐待、ネグレクト、性的虐待となっています。虐待が起きる理由は、介護についての教育、知識、技術の不足という根本的な問題が挙げられます。そのほか、人手不足や多忙で心身の余裕がないこと、それによる疲労やストレスなどが大きく影響するといわれています。

本来、教育、知識、技術の向上や、介護に携わる人員の整備などは、施設が責任をもってやり、余裕のなさから虐待につながったりしないように気を配らなければなりません。しかし、できるだけそれらを行ったとしても、ストレスのかかり方には個人差がありますし、気づかないうちに追いつめられるスタッフもいるかもしれません。

そんなことを防ぐため、私は施設内に「気持ちをハラス箱」を設置しています。ダジャレのように思われるかもしれませんが、大真面目です。これは「気持ちをはらす」と「ハラスメント」をかけた命名で、日々思ったことや苦情や、口では私に言いにくいことなどを、どんどん書いて入れてもらうための箱です。一つではなく、施設内のあちこちに箱を置いています。また、設置するだけでなく、「気持ちをため込まずに、思ったことは書いて、どんどん入れてね」とスタッフたちに声かけをしています。「何かあったら一瞬で終わっちゃうから、とにかく早く言ってね。配置換えをしたりするからね」とも話しています。

スタッフには、社会福祉士や精神保健福祉士（福祉・医療サービスの提案や調整をする専門職）の資格をもっている人もいるので、「気持ちをハラス箱」に相談事例が入っていたときには、まずそのスタッフに対応してもらっています。

もともとは苦情や相談のための箱のつもりで設置しました。しかし、思いがけず、「こんないいことがありました」「利用者さんに、こんなうれしいことを言われました」など、良かったことについての投書もあり、心がホッコリしました。

このことに限らず、日々の生活の中でも、せっかくいいことをするのなら、一方で悪いことをして台無しにしないように、心がけていきたいものです。

「おかげ様」という気持ちの入れものをもっておく

「おかげ様で」というのは、とてもいい言葉ですよね。あなたのおかげで……という謙虚な思いとともに感謝の気持ちが込められています。

しかし、気持ちに余裕がないと、この言葉を発することもできなくなります。「『おかげ様』という気持ちの入れものをもっておく」とは、どんなことがあっても、おかげ様と思える気持ちの余裕をいつももっておきましょうという意味です。

「おかげ様」の気持ちを忘れていると、自分のためを思って言ってくれている言葉でも、ひねくれて考え、全部裏返して受け取ってしまったりします。また「そんなこと分かっている」とか「言われなくてもできる」などと、つい思ったり口にしてしまったりすることもあります。

本来なら、「時間を割いて、私のことを思って言ってくれているのだな」と受け取るべきなのに、「おかげ様」という気持ちの入れものがなかったり、小さかったりするために、正しく受け取ることができないわけです。これでは、相手を傷つけるうえに、自分の成長も止まってしまいます。

ですから、余裕がなく張りつめたパッパッの状態にあると自覚できるときこそ、

「おかげ様の入れものは大丈夫かな」と、できるならひと呼吸ついてみて自分自身を見つめ、気を配っておかなくてはいけません。パッパッの状態でも、「ありがとう」と言うことはできるはずです。それを心がけるだけでも、人間関係がずいぶん好転していくでしょう。この入れものを自分自身の心がけで大きくしていく努力も大切です。

また少しずつでもそういうことを意識していくと顔が変わっていきます。徐々に余裕のある柔らかい顔、穏やかな明るい顔になっていくのです。これが「おかげ様の入れもの」が少しずつ大きくなっていくときの変化なのだろうなと実感します。

人間ですから、パツパツになって目がつり上がってくるときもあるのは仕方ありませんし、一時的にそうなってももちろんいいと思います。ただ、できる限りニュートラルの状態としては、「おかげ様の入れもの」をしっかりもっておいて、そこに戻ってきたいものです。

恥ずかしながら私自身も、昔は意見の合わないスタッフに「もうやめてしまえ」などと暴言を吐いたこともありました。ちょうどこの仕事は夫の弔い合戦だと思って、気持ちを張りつめていた頃です。

当時は、パワハラと言われたこともありました。実際に、施設作りに打ち込むあまり、そういわれても仕方がない言動をしていたのです。それでもすぐに「これではいけない」と気がつき、「ごめんなさい」と謝りました。

仕事への取り組み方や思いは人それぞれ違って当然です。でも当時の私は、それにさえ気づけないほど心の余裕を失っていました。自分が必死になるあまり、スタッフも同じ気持ちで取り組んでほしい、取り組んでくれると思い込んでいたのです。

今になって思えば、とんでもなく自分勝手な発想だったと思います。

最近ではスタッフから、「園長、柔らかくなりましたね」とよく言われるようになりました。私のほうも「ごめんな、昔はきついことばかり言って」と当時を思い出しながら改めて謝っています。そう言いながら、私自身も、少しは「おかげ様」という気持ちの入れものが大きくなったのかなと思っています。

人に足りない点があれば、
さりげなく補う

何かを人にやってあげたとき、つい恩着せがましい言葉を口にしてしまうことがあります。

「あなた、私のおかげでこうなったのよね」

「私がこれをやってあげたから、できたのよね」

といった具合です。しかし、よくよく考えてみると、自分も人のおかげでできていることがたくさんあるはずです。それなのに、自分だけが面倒を見ているように言ったり、恩着せがましく言ったりするのは、恥ずかしいことではないでしょうか。

人に何かをしてあげるときは、できれば、その人自身も気づかないくらいさりげなくしましょう。自分自身も、そうやって知らないところで助けられているかもしれないのですから。

また介護の現場では、利用者さんは、だんだんと昔できていたことができなくなっていきます。そのときにいかにさりげなく介助できるかというのも介護士としての腕の見せ所です。スキルのある介護士ほど、利用者さんのプライドを傷つけずに、上手に介助しつつ、励ましの言葉も伝えることができます。利用者さんの尊厳を守ることも、介護士としての重要なスキルであることを、忘れないでいたいものです。

なかでも、細やかな気遣いが求められるのが排泄介助《はいせつかいじょ》、つまりトイレのお手伝いです。これは利用者さんの状態に応じて、トイレに連れて行っての介助や、おむつの交換など、さまざまな介助が求められます。

多くのお年寄りは、ご自分の排泄物の処理をスタッフに委ねることを心苦しく、申し訳なく思うと同時に羞恥心を抱いています。そのため排泄介助は、ただ手伝う・ケアするというだけでなく、利用者さんの心苦しさや羞恥心がやわらぐように、さりげない気配りをすることがとても大切です。

その場面で、「また失敗」だとか、「多いね」とか、「また出たの」といった、利用者さんの尊厳を踏みにじるような言葉を使ったり、ぞんざいな態度をとったりするのは、絶対に許されないことです。排泄介助を担うスタッフの、そうした心ない言葉や態度は、利用者さんの自尊心を深く傷つけます。この場合、ほかの種類の生活介助では起こり得ないほどの、深い心の傷をつけてしまうのです。

ですから特に排泄介助では、喪失感や羞恥心を推し量りながら、利用者さんの気持ちに寄り添って、さりげなくお世話をすることが求められます。

もちろん排泄以外の介助も、利用者さんの尊厳を守りながら、さりげなく行うべきだということは共通しています。私は、どんなときでも恥をかかせない介護をさせていただきたいので、その点はスタッフとも共有しながら心がけています。

また、スタッフ同士の仕事の仕方についても、さりげなく助け合っていこうという話はよくしています。

「それぞれ、得意なことや苦手なことがある。『私はこれはできないけど、これならできる。あの人はこれが得意だからお願いして、こっちは私が……』というふうに、補い合っていこうね。チームであり、家族なのだから」

私のこういう言葉にスタッフたちも同意してそれを日々の介護で実践してくれています。

人を助けるとき、支え合うときの「さりげなく」は、とても重要なキーワードです。人として温かい言葉だと思います。ぜひ心に刻んで、「さりげない言動」を心がけたいものです。

できるようになるまでは
必ず苦しみがある

私たちは「Ｉ ｗｉｓｈ」と名づけた介護技術の研修会を開いています。「Ｉ ｗｉｓｈ」は、「やりたい」「望む」などの意味とともに祈りの言葉でもあるので、利用者さんの安寧を祈るという意味も含めて命名しました。

介護の現場ではさまざまな技術が必要とされてきます。食事の介助、衣服の着脱、車椅子や徒歩の移動介助、排泄の介助や入浴介助など、簡単に思えるものから高度な技術が必要なものまで、幅広く、また細かな配慮が求められるものがほとんどです。

私たちが苦労して導入した個浴についても、指導をしてくださっている先生とともにやっていますが、なかなか一朝一夕にはうまくいかないものです。特に入浴は、万が一ミスがあれば利用者さんを危険にさらすことになるので、研修といえども本番同様の心構えで臨まなければなりません。利用者さんに負担をかけないよう、慎重に、かつ手早く作業しなければなりません。

どんな技術でも同じで、介護の技術も習得するまでは本人の努力と、長い時間が必要となります。研修を３日やったから４日目に「はいできます」というものでもなく、私自身もスタッフとともに、悩み、苦しみながらやっています。そのたびに、「何かをできるようになるまでには必ず苦しみがある」という言葉は、本当に心にしみます。

しかし、どんな仕事であっても苦しんだ末にスキルを自分の体に覚えさせてしまえば、それは一つの大きな財産であり武器となります。いろいろな状況に応じて調整が必要になるとしても、基礎ができていればぐんと楽になります。また一つの技術を習得することで自分の自信にもなりますし、そこからさらに次の技術を習得しようとステップアップする大きな力ともなります。

介護研修で苦しみを味わっているスタッフに対して、私は「そこで負けないで。いつかきっと人に指導できる人になろうな」と励ましています。そうやって8年ほど頑張ってきたスタッフの一人は、今では小学校で子どもに介護技術を教える先生になっています。苦しみのあとに手にした大きな成果です。

何かをできるようになるまでには必ず苦しみがあり、その苦しみを乗り越えた先には、新しい世界が待っています。

澄み切った自分を
つくるには
濁っている根本を
浄化することから

澄み切った自分をつくるには濁っている根本を浄化することから、と聞いても、濁っている根本とは何のことか意味が分からないかもしれません。ここで「根本」と表現しているのは、ご先祖様のことです。今ここに存在している私たちは、過去にさかのぼっていくと何人ものご先祖様が存在する流れの下流に位置しています。

私たちが信仰する辯天様は水の神様なので、川の水によく例えられるのですが、川上から流れてきたものを私たちは浄化していかなければいけないとされています。しかし、下流だけきれいにしても、上流から汚いものが流れてくれば浄化はできません。それで、「ご先祖様を供養しましょう」というのが、この言葉の意味です。

ご先祖様が「濁っている」「汚れている」という表現には抵抗があるかもしれませんが、これは「供養されていない」ことを指しています。供養というのは足しげく墓参りに行かなければならない、ということではありません。もちろんお墓参りも大事ですが、それよりも日々の暮らしの中で常にご先祖様の存在を意識することが大切なのです。

若い人に「ご先祖様の供養を」というと、「何ですか、それ」と言われることもよくありますが、自分につながっている存在として、ご先祖様を意識するのは、とてもいいことで、自分のためにもなります。ご先祖様を敬うことは回り回って自分自身を敬うことにもつながりますし、たとえ苦しい状況に陥ったとしても、ご先祖様が見守ってくれていると思えば、そこから抜け出そうとする力になってくれると思います。

アニメーション映画『リメンバー・ミー』では、ミュージシャンを夢見る少年が死者の国を訪れ、ご先祖様たちと出会って冒険の末に家族の大切さを知るストーリーです。日本でいえばお盆にあたるメキシコの風習の「死者の日」を題材に、ここでもご先祖様を忘れないということがテーマの一つにもなっています。

大切なのは日々の心のありようです。毎日の生活の中でご先祖様が見守ってくれていることを意識し、感謝の気持ちをもつことがいちばんの供養となります。

振り返ると
今のあなたにつながる
足跡が見える

いい意味でも悪い意味でも、自分の歩んできた足あとが、今の自分に影響しています。

離婚したとき、私は自分自身に向けて「あんた、なんでこんな目に遭ってんのよ」とつぶやきました。そして、ふと振り返ったときにその原因に思い当たりました。「あっ、あれもか」「これもか」と、今の自分の状況を引き起こした多くのことが思い出され、そこでようやく反省しました。「ああ、あんなきついことを言わなきゃよかったな」とか、「『ご飯どこかで食べてきて』なんて言わなきゃよかった」と、細かいことまで記憶がよみがえります。

娘たちとそんな話をしながら、「あーあ、今なら、お姑さんやお義姉さんともうまくやれるのに」とボヤくと、娘からは「でも、だから今があるんじゃないの」との一言が返ってきました。なるほど、そう言われてみて「確かにそうだ」と思いました。

今の仕事に心からやりがいを感じて、全力を注いでいられるのも、考えてみればあのとき離婚したからです。もちろんしたくてした離婚ではありませんが、それも自分の足あとの一つです。だったら否定するのではなく前向きにとらえようと、娘の言葉で気づかされました。

誰でも過去を振り返ってみれば、恥ずかしいことや悲しいこと、つらいことがいくらでもあると思います。これは老人でも10代の若者でも同じです。若い人たちだって、それまでにさまざまな経験を重ねたからこそ今があります。

例えば学校でやってしまった恥ずかしい失敗、恋人とけんかして別れたこと、スポーツの試合に負けた悔しい思い、受験に失敗して涙にくれたこと、など、大人たちに比べたら短い年月だとしても、その人なりの歴史があります。

つら過ぎて二度と思い出したくない過去や、今も心に傷を残す大きな事件もあったと思います。それでもその悲しみや苦しみが、今日のあなたの人生をつくり上げてきたピースの一つでもあるのです。

もしも消し去りたいと思う足あとがあったとしても、それこそが今の自分につながる足あとです。大切に活かしていきましょう。

「正直者は損をする」ことは決してない

よく「正直者は損をする」といいます。しかし、そんなことは決してありません。途中で損をするような巡り合わせになったとしても最後には必ず正直者が勝つと私は思います。

軽費老人ホームに私が勤めていたとき、自立していた利用者さんがお風呂場の浴槽に浮いていたことがありました。その夜、宿直は私一人しかいなくて、慌てて引き上げようとしましたが、どんなに頑張っても一人では無理でした。そのとき在勤しているはずの看護師もおらず、パニック状態になりながらも何とか救急車を呼び、利用者さんを引き上げましたが、残念ながらすでに亡くなっていました。

警察も駆け付け、私は事情聴取を受けました。医師の検視で事件性はないと分かっていたものの、第一発見者から詳しい事情を確認するのは当然です。しかし私は、そのときに看護師がその場におらず中抜けしていたことを言えませんでした。事実を隠したやましさを感じながらも、看護師の立場を考えてしまったのです。

しかし聴取の中で、なぜ看護師を呼ばなかったのか問いただされ、さすがにこれ以上隠してはおけないと思い、最後は正直に事実を言いました。ナースコールが切られていた事実も分かり、私は隠し立てしたことで責められましたが、結局は正直にすべて話して良かったと思いました。

これはどちらかというと特殊な例でしたが、介護施設を運営していると、ときに盗難騒ぎなども起こります。そういうときは利用者さん同士で互いに疑心暗鬼になったり、スタッフが犯人だと疑われたり、またスタッフ同士でトラブルになったりすることもあります。そんなとき、嘘をついて人に罪を着せる人が出てくることがあります。罪から逃れようとする場合や、誰かを陥れようとしたり、責任逃れのための嘘など、理由はさまざまです。しかし最初はうまくやっているように見えても、最後には決まって嘘がばれます。それは誰かに指摘される場合もありますし、自分自身が嘘をついていることに耐え切れず、自ら告白することもあります。いずれにせよ、どんなに嘘をつこうとも一生それを隠し通すことはできません。なにより自分自身が嘘をついていることを知っているのです。

どんなときも嘘をつくことなく、正々堂々と生きていれば心も晴れやかに過ごせます。「正直者は損をする」などということは決してないと、私はつくづく思います。

今の仕事は理由があって
あなたに与えられたもの

現代は自由に仕事を選べる時代です。新卒だけでなく、転職も昔に比べると抵抗がなくなり、むしろキャリアアップのために転職する人も増えてきました。その一方で、自分に合った仕事を探したいと考えて、何度も転職を繰り返す人もいます。

もちろん自分に合った仕事に就くのは大事ですが、本当に自分に合った仕事とは何なのか、分かっていない人も多いと思います。「これは何か違う」という漠然とした感覚だけで無目的に転職を繰り返すことで、果たして自分に合う仕事と巡り合えるかどうかは疑問です。

もし今の仕事に、違和感や不満やもの足りなさなどを感じていたとしても、それは次につながるステップかもしれません。私自身、介護の仕事にはまったく縁がないまま過ごしてきましたが、夫の一言がきっかけでこの仕事に足を踏み入れました。いざ始めてみたら、楽しくてたまらなかったので、やはり天職だったのだと思います。

振り返ってみると、祖父のことは大好きでかわいがってもらいました。祖母のことも大好きでしたが、辯天宗の宗祖だったために、気軽に「おばあちゃん」とは呼べない存在でした。だからこそ、私は高齢者のお世話をしたかったのかもしれません。

そんなふうに、今の仕事につながることが、自分の小さい頃にあったり、若い頃の自分では意識していないことにあったりするケースも多いのではないでしょうか。理由があって与えられた仕事だと思えば、仕事への取り組み方も変わってくるでしょう。今の仕事が自分の天職だと思えなくても、そこにつながる道かもしれないととらえて、まずは今の仕事を頑張ってみませんか。

すべての出来事には必ず意味があります。自分のいるべき場所が分からなくなったら一度立ち止まって死を想うことで、あなたの人生はよりいっそう輝きを増すでしょう。「死」を通じて「生きること」を考え直すと、それがヒントとなり、自分の人生が広がっていくのだと思います。

エピローグ

「ターミナル（終末期）を祥水園で過ごしたい」

最近は多くの皆さんからそういった要望をいただいています。最高のターミナルケアを提供したいと願い、実践してきた私にとっては、とてもうれしいことです。

終末期とか、看取りといった言葉からは、暗いイメージを抱く人もいるかもしれませんが、私たちの施設のターミナルケアは、明るく元気で前向きです。その方の命、歩んでこられた人生に対して最大限の敬意を表しつつ、身体的・精神的・社会的ケアをさせていただきます。

「あの世への旅立ちの準備」という位置づけで、最期のそのときまで、その人の尊厳を守り、慈しみを忘れないケアをチームで実践しています。

体調を見ながら、お風呂や食事を楽しんでいただき、好きな音楽をかけたり、ゆったり語り合ったりしながら、その人に合わせたペースで、旅立ちの準備を進めていきます。一人ひとり違う旅立ちに立ち会い、かけがえのない体験をして、スタッフともどもいつも感動をいただいています。

亡くなったあとは、ご家族に寄り添い、グリーフケア（死別後の遺族へのサポート）を行っています。そのときに、亡くなった人の思い出を語り合いながら、「祥水園さんで見送ってもらえてよかった」と言っていただけることが多いのも私たちの喜びです。

日常的にそんな体験をしているので、私は「死」を怖く暗いものではなく、本来いたところへの旅立ちというニュアンスでとらえていいます。

しかし、死がこの世とのお別れであるのは間違いありません。

そこで、死を明るくとらえながらも、「そこに向かって悔いなく、精いっぱい生きようよ」と語りかけ、その方法論のヒントを紹介したいと思ってまとめたのが本書です。

死生観と聞くと、とても大それたことのように思えるかもしれませんが、今この瞬間を後悔なく生きるために欠かせない自分の軸だといえます。

若い人たちにとっては、死はまだまだ遠い想像もつかないほど先のことに思っているはずです。もちろん、今この瞬間に、苦しみ、悩みながら、死を意識している人もいると思います。

私たちの思いとは関係なく、死は本当に突然に訪れます。病気や事故、災害など、いつか必ずやってくるのです。だからこそ今生きているこの瞬間を大事にしてほしいと思います。いずれ死ぬのであれば、せっかくの命を精いっぱい生きていってほしいのです。

PART2で紹介した33のフレーズは、祖母である辯天宗宗祖の大森智辯が残した宗祖のお言葉集から抜粋し、私なりにアレンジしたものです。

宗教とは関係なく、自分の人生と向き合うためのヒントとなり、より良い毎日を過ごしてもらえたらと思い、紹介しました。

私にとって祖母は、気軽におばあちゃんと呼べる存在ではありませんでした。しかし、本書のPART2を書きながら、私は心の中で

「おばあちゃん、ありがとう」

「私の中に、こんなにおばあちゃんの言葉が染みこんでいたよ」

と祖母と語り合うことができました。


本書の刊行年である2024年、令和6年は、奇しくも「辰年」です。「奇しくも」というのは、水の神様である辯天様は、水を起こして上天するという意味をもつ龍(辰)と深い関係があるからです。そんな巡り合わせもあって、本書の刊行を、祖母と夫が見守ってくれているのだと確信しています。

本書が、まだまだ死は遠いと思っている若い人たちに、少しでも死を身近に感じていただき、今の日常を輝かせるきっかけになれば、とてもうれしく思います。

塩崎万規子（しおざき　まきこ）
社会福祉法人祥水園理事長（園長兼務）。奈良県五條市に辯天宗教祖・大森智辯の孫として生まれる。4歳のとき、大阪府茨木市に移り、地元の中学校から辯天宗を母体とする智辯学園高校（五條市）へ進学。追手門学院大学を卒業後、結婚・出産し、3児の母として子育てに励む。その後、兵庫県西宮市に移るが、1995年、阪神大震災で被災し、五條市に戻る。2009年、祥水園の園長を務めていた夫が病死し、あとを継いで園長に就任。2014年より現職。被災の経験からコミュニティーFM局の必要性を感じ、2017年にFM五條を開局。利用者の尊厳と個性を重視したケアを実践する誠実な人柄の一方、「ロックな生き方」を自認し、人生の師はX JAPANのYOSHIKI。

本書についての
ご意見・ご感想はコチラ

命日に向かって生きよう
若者のためのはじめて向き合う「死生観」

二〇二四年三月九日　第一刷発行

著　者　塩崎万規子
発行人　久保田貴幸
発行元　株式会社　幻冬舎メディアコンサルティング
〒一五一-〇〇五一　東京都渋谷区千駄ヶ谷四-九-七
電話　〇三-五四一一-六四四〇（編集）
発売元　株式会社　幻冬舎
〒一五一-〇〇五一　東京都渋谷区千駄ヶ谷四-九-七
電話　〇三-五四一一-六二二二（営業）

印刷・製本　中央精版印刷株式会社
装　丁　秋庭祐貴

検印廃止
JASRAC許諾番号　2400567－401
© MAKIKO SHIOZAKI, GENTOSHA MEDIA CONSULTING 2024
Printed in Japan　ISBN 978-4-344-94764-1 C0095
幻冬舎メディアコンサルティングHP　https://www.gentosha-mc.com/
※落丁本、乱丁本は購入書店を明記のうえ、小社宛にお送りください。送料小社負担にてお取替えいたします。
※本書の一部あるいは全部を、著作者の承諾を得ずに無断で複写・複製することは禁じられています。
定価はカバーに表示してあります。